AMRA

Pavlina Klemm

Lichtbotschaften von den Plejaden

Übergang in die fünfte Dimension

mit zahlreichen Übungen!

AMRA

11. Auflage

Eine Originalausgabe im AMRA Verlag
Auf der Reitbahn 8, D-63452 Hanau
Hotline: + 49 (0) 61 81 – 18 93 92
Service: Info@AmraVerlag.de

Herausgeber & Lektor	Michael Nagula
Einbandgestaltung	Guter Punkt
Layout & Satz	Birgit Letsch
Coverfoto	Melanie Daoud
Druck	Tschechien

ISBN 978-3-95447-009-9 (Buch)
ISBN 978-3-95447-010-5 (eBook)
ISBN 978-3-95447-500-1 (Hörbuch)
ISBN 978-3-95447-291-8 (Übungs-CD)
ISBN 978-3-95447-332-8 (CD Reiner Klang)

Eine gratis Video-Playlist mit Heilübungen der Plejader, gesprochen von der Autorin, finden Sie auf YouTube unter https://bit.ly/4kJwJad.

Die Plejadenreihe der SPIEGEL-Bestsellerautorin umfasst folgende Bände: *1. Übergang in die fünfte Dimension • 2. Wiederanbindung an die kosmische Urkraft • 3. Rückkehr der Freude und kosmischen Liebe • 4. Deine Heilung durch kosmische Liebe • 5. Dein Schlüssel zum Goldenen Zeitalter • 6. Leben in der fünften Dimension • 7. Wissen für die Neue Zeit • 8. Im Feld der Heilung • 9. Erwachen im Licht der Freiheit (auch als eBook, Hörbuch & Übungs-CD zum Download)*

Inhalt

Übungen

VORWORT

Meine Anbindung an die Lichtwelt und meine Kontakte mit der plejadischen Zivilisation

Liebe Leser und Lichtboten!

Erlaubt mir, euch mit dieser ehrenvollen Anrede anzusprechen, genauso wie es unsere kosmischen Freunde und Helfer tun.

Ihr, die ihr entschieden habt, euer Sein auf unserem großartigen Planeten Erde zum Positiven zu ändern, gehört zu denjenigen, die für uns alle wichtig sind. Nicht zufällig lest ihr dieses Buch voller Licht und Liebe, das voll appellierender Hinweise und Warnungen ist.

Auf den folgenden Seiten erwarten euch Botschaften zur Unterstützung und Rettung unserer Gesellschaft, des Planeten und nicht zuletzt der menschlichen Population und Rasse, die Mensch genannt wird.

Doch zunächst darf ich für all jene, die wissen möchten, wer ihnen diese Informationen eigentlich weiterleitet, einige Worte über mich verlieren. Meine ersten Kontakte mit der Lichtwelt habe ich im Jahr 2005 erlebt. Damals begann ich, Botschaften von meinen Lichtführern zu bekommen und niederzuschreiben und von Menschen, die bereits in die himmlischen Sphären gewechselt waren.

Über diese wunderschönen Botschaften voller Liebe und Verständnis fand ich meinen Einstieg in die Engelwelt. Engel tragen bedingungslose Liebe und die Frequenz Gottes in sich, und es wurde mir erlaubt, diese göttliche Liebe in der eigenen Seele zu fühlen.

Wer diese unfassbare, ja wahrhaft bedingungslose Liebe und Hilfe »aus erster Hand« schon einmal gefühlt hat, wird verstehen, wie liebend diese Sphäre ist, in der sich die Engel bewegen und aus der sie uns die himmlischen Frequenzen übertragen. Wer seine Lichtwesen, auf welche Art auch immer, wahrnehmen kann, wird mir bestätigen, dass diese Liebe vollkommen und absolut ist.

Ich habe durch sie viele Texte und Übungen, welche die Engelwelt uns Menschen geschenkt hat, niedergeschrieben.

Als ich mich schon an die Frequenz der Engel gewöhnt hatte und mein Körper und meine Seele so weit durchleuchtet waren, dass ich jegliche Botschaften wahrnehmen konnte, ohne dass ich – wie zu Anfang – verschiedene physische Belastungen bei unseren Kontakten spürte, ist eine weitere Überraschung und gleichzeitig ein Geschenk »von oben« zu mir gekommen.

Niemals hätte ich vermutet, dass ich einmal die Möglichkeit der Verbindung und des Kontakts mit unseren kosmischen Familien bekommen würde! Im Jahr 2013, als ich mich wieder mit der Engelwelt verbinden wollte, meldete sich plötzlich die Gemeinschaft der Plejader zu Wort. Sie teilte mir mit, wie sehr sie mir vertrauen und dass sie mich als Kontaktperson für den Empfang ihrer Informationen ausgesucht haben. Sie sagten, dass sie »nur« leicht meine Matrix und meine DNA-Veranlagung ändern würden, damit ich in der Lage wäre, ihre hohen Frequenzen zu empfangen. Ich erfuhr, dass sie mich in die Lage versetzen wollten, ihre telepathische Lichtsprache in die menschliche Sprache zu dekodieren und zu übersetzen.

Das war für mich eine große Überraschung und zugleich ein unfassbares Glück.

Und seit meinen ersten Kontakten mit den Plejadern sind wirklich erstaunliche Dinge geschehen. So konnte ich, als ich mit dem Schreiben des ersten Kapitels dieses Buches begann, spät am Abend ein zwanzigminütiges, unglaublich mächtiges und mit dem Gefühl absoluter Harmonie aufgeladenes Farbspektakel beobachten. Mein ganzes Schlafzimmer füllte sich mit dunkelblauem Licht, das sich anschließend in mehrere Dimensionen und gleichzeitig in Scheiben aufteilte. Ich sah wunderschöne Gebilde, die holografischen Bildern ähnelten, als würden geometrischen Mandalas ähnelnde Ornamente mehrere Dimensionen um mich herum gleichzeitig durchdringen. Meine Hände begannen, blau zu leuchten, sie wurden von schönsten Strahlen durchdrungen und waren zu dieser Zeit nicht aus Fleisch und Blut, sondern aus blauem Licht, das auf ihnen energetisierende Strukturen bildete.

Diese farbenprächtigen Effekte begleiten mich sehr oft, und dadurch zeigt sich mir regelmäßig die Anwesenheit der Plejader.

Während des Schreibens an diesem Buch war ich die ganze Zeit mit Energie »aufgeladen«. Jeden Tag spürte ich eine große Kraft und Power in mir, und nachts wurde ich oft nicht durch Schlaf, sondern durch eben diese starke und wundervolle Energie gesegnet. Ein ums andere Mal habe ich Stift und Papier zur Hand genommen und aufgeschrieben, was ich empfing. Ich empfand keine Müdigkeit, ganz im Gegenteil. Mein Körper begann, sich zu verjüngen, und ich bekam genaue Hinweise, welche gesunde Nahrung er braucht und was für ihn gut ist.

∞

Und das ist nicht auf mich begrenzt. Die Plejader sind in der Lage, jeder und jedem sofort Hilfe zu leisten, wenn ihr sie von ganzem Herzen darum bittet. Sie sind Wesen einer höheren Bewusstseinsebene, und es geht ihnen darum, auch uns auf diese Ebene zu holen und bei diesem Prozess zu begleiten. Wie beispielsweise ...

Meine jüngste Tochter, die jetzt dreizehn Jahre alt ist. Sie hörte kürzlich, wie ich um die Reinigung meines Egos bat, und wollte von mir eine Erklärung, was »Ego« eigentlich bedeutet. Als ich ihr alles erläutert und dargelegt hatte, entschied sie sofort, dass sie ihr Ego auch ablegen wolle, wusste aber nicht wie. Doch nachdem sie den Wunsch ausgesprochen hatte, geschahen unglaubliche Dinge. Ich konnte ungefähr zwanzig Minuten lang mit eigenen Augen beobachten, wie sich der Körper meiner Tochter in Milliarden Lichtteilchen verwandelte, ohne dass sie selbst physisch etwas bemerkte. Gleich darauf erschienen silbergoldene holografische Flächen in der Luft, und der Raum um sie herum teilte sich in mehrere räumliche Dimensionen. Der Körper meines Kindes begann sich lichtvoll in Rechtecke zu zerlegen, die sich selbstständig bewegten. Zuletzt legten sich von unten nach oben goldene Ringe um ihren Körper.

Meine Tochter fühlte sich während dieser »Reinigung des Egos« die ganze Zeit vollkommen normal und verspürte lediglich größere Körperwärme.

Auf meine Bitte der Reinigung des Egos hin und wahrscheinlich auch aufgrund der Bitte meines Kindes waren sie augenblicklich »gekommen« und hatten angefangen zu handeln. Erst beim Schreiben dieses Buches wurde mir allmählich klar, was es damit eigentlich auf sich hatte und wie alles seinen Verlauf nimmt.

∞

Dadurch, dass ihr dieses Buch lest, werdet ihr automatisch an die Kraft der Plejaden angebunden, und ich kann euch garantieren, dass ihr euch damit reinigen werdet, wie es auch bei mir der Fall war und im Fall meiner ältesten Tochter Nicole, die das Buch ins Deutsche übersetzte und schon beim Übersetzen gespürt hat, dass ihr Körper die unterschiedlichsten Heilimpulse bekommt.

Ich habe auch viele andere Informationen von den Plejadern erhalten, während ich dieses Buch schrieb. Einmal teilten sie mir mit, dass in kurzer Zeit ein Kornkreis in Deutschland auftauchen würde, geschaffen von ihrer Zivilisation. Danach vergaß ich diese Information wieder und dachte nicht mehr daran, bis ich einige Wochen später, im September 2014, in der Zeitung las, dass in der Nähe des Ammersees, gleich neben einer Satellitenanlage, über Nacht ein Kornkreis entstanden war ...

Natürlich sind wir gleich hingefahren und haben die Energie und die Botschaft dieser kosmischen Erscheinung auf uns wirken lassen. Ich spürte, dass es sich um eine Botschaft handelte, welche die Kommunikation der Menschen untereinander und zwischen den Menschen und den anderen kosmischen Familien betraf. Es ging um die Neuerschaffung von Harmonie. Kreise versinnbildlichen stets Vereinheitlichung und die Unendlichkeit bestimmter Systeme.

In dieser eigentlich noch recht kurzen Zeit meiner Kontakte mit den Plejadern habe ich gespürt, wie sich mein spirituelles Bewusstsein immer mehr anhob. Ich bin mit meinem Inneren mehr als jemals zuvor verbunden, und ich kann sofort erkennen, was meiner Seele gut tut und was nicht. Ich habe jetzt eine bessere Intuition und fühle, dass ich nach »meinem« Lebensplan durch mein Leben geführt werde.

∞

Ich wünsche euch, ihr himmlischen Boten, die ihr dies lest, dass es auch euch gelingt, eure Essenz und das Licht in euren Herzen zu finden. Ich wünsche euch, dass euch dieses Buch eine so gute Reinigung des Körpers und der Seele wie möglich zuteil werden lässt und dass euch dadurch eine wirkliche Verbindung mit der Lichtwelt und den positiven kosmischen Gesetzen ermöglicht wird.

Dank dieses Buches wird euch klar werden, wie die kosmischen Gesetze funktionieren, und es wird euch erklärt, welche Rolle diese Gesetze für unsere menschliche Gesellschaft und für uns selbst spielen.

Jedes Kapitel bietet euch eine Fülle an Informationen, die sehr häufig eine große Bedeutung und ein tiefes Verständnis der Welt in sich tragen. Deshalb haben die Plejader jedes Kapitel in einer Länge diktiert, in der wir Menschen die Informationen am besten aufnehmen und sie vor allem verstehen und uns merken können. Lasst euch Zeit beim Lesen und lasst diese Zeilen auf euch wirken.

Ich wünsche euch, dass ihr beim Lesen dieses Buches das erlebt, was ich beim Schreiben durchlebt habe. Gebt eurer Seele die Möglichkeit, neue Horizonte kennen zu lernen, und gebt ihr die Möglichkeit, in diese neuen Horizonte einzusteigen.

Frieden und Liebe im Herzen
wünscht euch

Pavlina

Grüße aus der Galaxis und einleitende Informationen

Die plejadische Zivilisation spricht

Wir, die Zivilisation der Plejaden, des Orion-Gestirns, des Sirius und des Arcturus, grüßen euch herzlich!

Mit den Zivilisationen anderer kosmischer Völker verbinden sich bisher nicht sehr viele Menschen, aber wir glauben, dass ihr gerade auf diesem Weg und durch diese Anbindung neue Erkenntnisse und brauchbare Informationen für eure Zukunft erhaltet.

Glaubt daran, dass bald eine Zeit kommt, in der wir uns eurer irdischen, physischen Welt zeigen, mit euch kommunizieren und euch immerfort nützliche und für euch unentbehrliche Informationen übergeben werden. Bis jetzt konnten wir uns nur wenigen Menschen zeigen, von denen wir wussten, dass sie uns nicht im Stich lassen, dass sie die Informationen, die wir ihnen geben, nicht missbrauchen, sondern sie geheimhalten, damit in eurer menschlichen Welt keine Panik entsteht.

Ihr müsst wissen, dass nicht alle Menschen und nicht alle Völker bereit sind, Kontakt mit uns herzustellen oder sogar unsere Anwesenheit zuzulassen!

Ein Grund dafür ist eure Filmindustrie. Mit ihren Angstszenarien hat sie unangenehme Situationen herbeigeführt, die für euch nur schwer zu berichtigen sind. Es gibt natürlich Zivilisationen, die nicht einmal wir für friedlich halten, aber diese Zivilisationen haben auf dem Planeten Erde nichts zu suchen. Das sind Völker, die manchen eurer barbarischen Zivilisationen ähneln, die nur erobern und andere bedrohen wollen. Sie besetzen buchstäblich alles. Dies gelingt ihnen aber nur bei Planeten und planetarischen Gemeinschaften, die selbst keine Struktur haben und keinen Christusglauben oder entsprechendes Wissen in sich tragen. Einige Zivilisationen lassen sich »überreden« und schließen sich so diesen barbarischen außerirdischen Zivilisationen an.

Unsere hoch entwickelte Zivilisation der Gemeinschaft der Plejaden, des Orions, des Sirius und des Arcturus beschützt unerlässlich euren Planeten Erde, die Milchstraße und die ganze Sternengalaxis, zu der ihr gehört. Dies ist auch unser Gebiet. Wir leben hier Milliarden von Jahren zusammen, es gibt hier noch andere bedeutsame außerirdische Gemeinschaften, die eurer menschlichen Rasse sehr ähnlich sind.

Euer Planet gehört zu den wenigen, die bisher nicht den Weg zu den kosmischen Gesetzen und Schwingungen gefunden haben. Ziemlich genau bedeutet das, dass ein großer Teil der menschlichen Rasse leidet und in menschlichen Problemen und Schwierigkeiten ertrinkt und nicht regelmäßig seine Herzen und seine physischen und ätherischen Körper reinigt.

Es gibt hier viele spirituelle Lehrer, die wir zu euch geschickt haben, da es eure Aufgabe ist, euch zu reinigen und ohne Belastungen und unreine Schwingungen in die fünfte Dimension aufzusteigen.

Glaubt daran, dass das Leben in der fünften, sechsten und anschließend siebten Dimension am schönsten ist. Wir möchten euch bei diesem Übergang gerne helfen. Wir sehen, dass ihr es alleine fast nicht schafft und würden uns euch gerne zeigen und mit euch Hand in Hand in die Zukunft hinein zusammenarbeiten.

Wir wissen, dass wenn ihr unsere Hilfe annehmt, ihr nicht mehr leiden werdet und eure Reinigung von karmischen und menschlichen Angelegenheiten unglaublich an Geschwindigkeit zunimmt.

Bis jetzt sind wir nur selten aufgetaucht, und wir haben mit eurer Gesellschaft nur über ein paar menschliche Einzelwesen kommuniziert, die es schaffen, unsere Impulse und Informationen zu empfangen.

Wir können mit euch direkt von unserem Planeten oder unserem Gestirn aus kommunizieren. Entfernung spielt für uns keine Rolle, weil wir uns an die Gedanken und die Herzenskraft der Einzelwesen anbinden können. Wir wissen uns auch mit der Kraft der Gedanken und des Willens zu bewegen. Wir benötigen dazu keine verschiedenen Brennstoffe und Rohstoffe für den Antrieb unserer Weltraumschiffe.

Wir brauchen auch nicht eure Bewunderung oder Angst.

Wir wollen einfach nur helfen.

DESHALB SIND WIR HIER.

Wir stehen euch zur Seite. In einer Dimension, die ihr nicht seht, die aber messbar ist. Und bald beginnen wir uns zu zeigen. Bald kommt die Zeit der Vereinigung der Völker und Zivilisationen, der irdischen und kosmischen.

Die Milchstraße ist eine wunderschöne und riesige Galaxis und doch winzig wie ein Sandkorn in der Wüste. So winzig klein ist unsere Galaxis im Raum des Universums. Dabei birgt unsere planetarische Gemeinschaft Völker vieler galaktischer Gesellschaften, die miteinander im Austausch stehen.

Das zeigt sich zum Beispiel am Planeten Sirius: Er ist sehr geeignet für interplanetarische Konferenzen, weil es auf ihm verschiedene Arten von Klimazonen, Wasserreichen und Luftverbindungen gibt. Auf dem Sirius findet jeder ein Stück seines Herzens. Deshalb treffen wir uns vor allem dort und beraten uns darüber, wie wir schwächeren Planeten helfen können.

Wenn einige Planeten dahinsiechen, schwächt das natürlich unsere ganze Galaxis, und das dürfen wir zum Wohl der gesamten interplanetarischen Situation nicht zulassen.

∞

Menschliche Zivilisation und menschliche Wesen!

Lasst die Zügel der Angst los und legt alle Bedenken hinsichtlich des Kontakts mit uns ab. Lasst unsere Anwesenheit zu und lasst zu, dass wir euch helfen!

Ihr werdet Gerätschaften und Erfindungen in die Hände bekommen, die eure Natur retten und ganzheitlich gesehen eure Zivilisation und euren Planeten. Wir besitzen Geräte zur Reinigung des physischen und ätherischen Körpers für den Übergang in höhere Dimensionen, Geräte zur Herstellung von Treibstoffen, die wir verwenden können, ohne unsere Natur zerstören zu müssen.

Und die auch ihr verwenden dürft.

Ihr müsst aber das menschliche Denken und Handeln verändern. Deshalb: Verbindet euch mit uns. Wir werden euch hören. Jede unserer »Schwingungszellen« – so nennen wir die Stationen, welche Schwingungen von Menschen empfangen, die sich auf die positiven universellen Gesetze einstellen – empfängt die Schwingungen eines menschlichen Einzelwesens, das sich von ganzem Herzen und Geist mit uns verbinden will. Wenn wir sehen, dass er oder sie bereit ist, beginnen wir, mit ihm oder ihr zusammenzuarbeiten, zunächst auf der Basis des Geistes und der ätherischen Energie. Wir schicken dieser Person heilende Energien und für sie zuständige Lichtwesen zur Ermöglichung der höheren Anbindung an die Lichtwelt und an unsere Welt.

Unsere Welt ist ebenfalls lichtvoll und ohne jeden Anflug von Egoismus und negativen Energien.

Wir sind absolut gereinigt.

Vielleicht fragt ihr euch, was dann unsere Aufgabe und unser Ziel sind? Unser Ziel ist, in dieser positiven Situation zu verbleiben und anderen Zivilisationen zu helfen, damit sie sich positiv ausgleichen können. Glaubt uns, wir haben ständig zu tun, und wir bemühen uns unablässig, uns an weitere kosmische Systeme anzubinden, die unsere Hilfe brauchen.

Der Christusglaube und das Christusbewusstsein sind in jedem von uns. Auch in euch. Ihr müsst euch nur wieder daran erinnern. Erinnern und handeln. Euch mit uns verbinden. Keine Angst haben und handeln!

Wir bereiten uns darauf vor, uns in einigen Jahren über großen Städten und weltbekannten Metropolen zu zeigen. Das wird ein einzigartiges Spektakel werden, ein großartiges Spektakel – und vor allem wird es ein starkes telepathisches Erlebnis sein. Wir werden euch von unseren Schiffen aus telepathisch Liebe und Informationen senden, die ihr brauchen werdet. Diese Frequenzen wird jedes Einzelwesen empfangen, unabhängig von seiner spirituellen Entwicklung.

Wir werden versuchen, uns mit so vielen Einzelwesen wie möglich zu verbinden, die Erleuchtung ist notwendig und die Erhöhung des Bewusstseins ebenfalls.

Wir bringen die Liebe und das Licht der Zentralsonne mit!

Ihr werdet an die göttliche Kraft, Harmonie und das Wissen angebunden sein.

Ihr werdet die herrliche und bedingungslose Liebe und Energie des Zentralwissens erleben. Seinen Frieden und seine Liebe. Öffnet eure Herzen und kommuniziert mit uns! Wir sind mit euch und in eurer Nähe. Ständig!

Frieden im Herzen, Frieden mit euch!

Vertreter der Galaxis XR,
eures Sonnensystems und eurer Galaxis

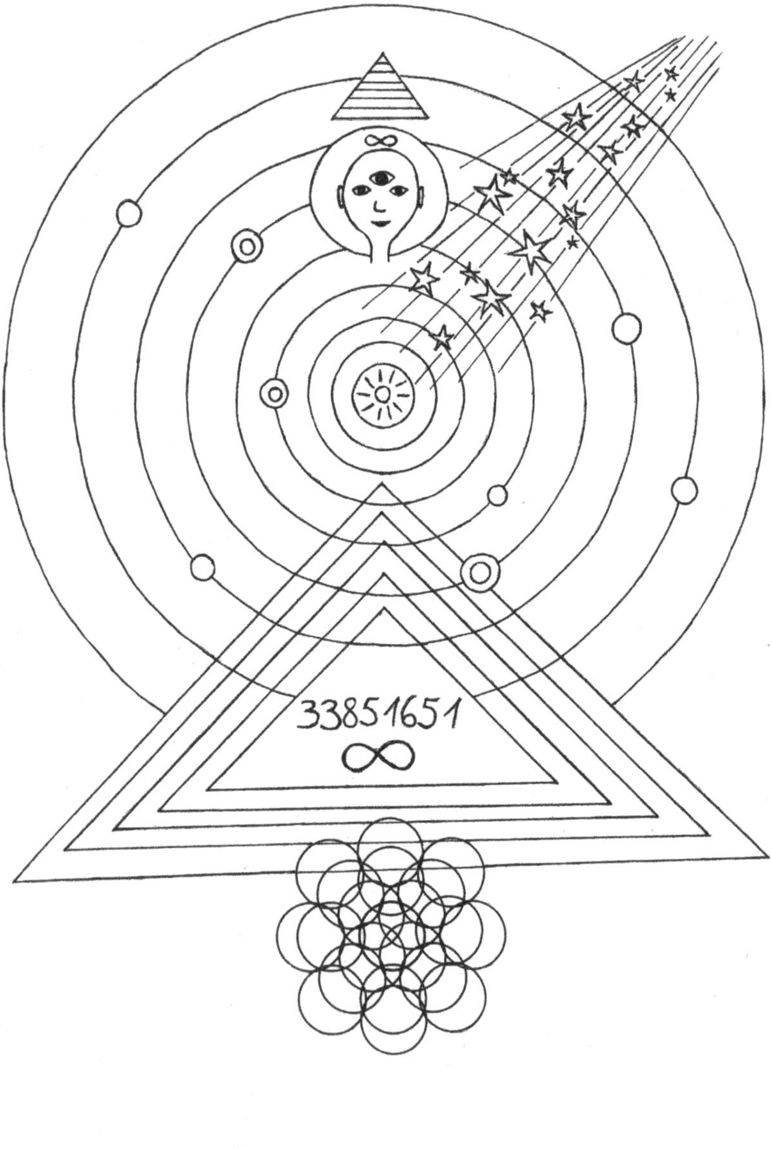

Erklärung der Darstellung

die für die menschliche Entwicklung sehr wichtig ist

Wir grüßen und durchleuchten euch mit Lichtenergien!

Dieses Bild birgt Geheimnisse in sich, die nur diejenigen von euch verstehen werden, die beginnen, sich am kosmischen und universellen Wissen zu orientieren.

Der Kopf dieses Wesens versinnbildlicht telepathische Fähigkeiten zur Herbeiführung des Kontakts mit den kosmischen Gesetzmäßigkeiten. Die Pyramide, die sieben Stufen der Zusammengehörigkeit veranschaulichend, bedeutet den Einstieg in die siebte Dimension. Dort befinden wir uns, die galaktische Gemeinschaft.

In der Mitte der Galaxis ist die Zentralsonne, die das Zentralwissen für alle positiv denkenden Wesen darstellt. Jeder hat Zugang zu ihr, jedes positiv eingestellte Einzelwesen. Die Pyramide aus fünf Stufen stellt euren jetzigen Stand dar. Ihr befindet euch in der fünften Dimension. Euer Ziel ist die siebte Dimension, die siebte – endlich und unendlich zugleich, eine in sich übergehende und zeitlich ununterscheidbare Dimension, ein möglicher Einstieg in die Welt des Reisens in der Zeit, in Dimensionen und Räumen. Unendliches Wissen und unendliche Wahrheit der heiligen Intelligenz.

Sie ermöglicht eine absolute Verbindung der Sinne mit allem anderen. Absolutes Einssein mit allem. Gedankliche Teleportation. Körperliche und lichtvolle Abtrennung vom physischen Körper. Überdurchschnittliche Gedankenabläufe und Verbindung. Absolute bedingungslose Liebe zum Nächsten und zu sich selbst. Herzenswohlstand auf allen Ebenen. Unendlichkeit der Seele und Unsterblichkeit des Zellbewusstseins. Ziel ist es, in diesem Wohlstand des seelischen und körperlichen Gleichgewichts zu bleiben.

Dazu kann euch die abgebildete Zahlenreihe helfen. Sie ist eine Art Hilfestellung für ein erweitertes Bewusstsein und für den Zugang zur siebten Dimension. Durch das Verwenden dieser Zahlenreihe gelangt ihr schneller in die siebte Dimension. Benutzt sie telepathisch, schreibt sie an Orten auf, an denen ihr euch oft aufhaltet.

Haltet beim Meditieren einen Zettel mit dieser Zahlenreihe in der Hand und lasst euch von ihr durchströmen. Legt sie unter ein Glas mit Wasser. Wasser ist ein kosmisches intelligentes Element und ein göttliches Geschenk und hilft euch, diese Zahlenreihe für ein erweitertes Bewusstsein schneller in euer Zellbewusstsein zu bekommen. Trinkt dieses programmierte Wasser, so oft ihr könnt.

Euer spiritueller Fortschritt wird sich erhöhen. Jede Zelle, jedes Molekül und jedes Atom wird diese Informationen annehmen wollen, und es wird schneller zu einem Anstieg spirituellen Bewusstseins kommen. Diese Zahlenreihe ist eine Unterstützung für den Übergang in die siebte Dimension – die Dimension des Glücks, der Liebe und des erweiterten Bewusstseins.

Die Kreise unter der Pyramide versinnbildlichen die unendliche geometrische Reihe und das Wissen der göttlichen Intelligenz. Sie ähneln der Blume des Lebens, dem Symbol für Harmonie der höchsten Art auf eurem Planeten. Harmonie auf allen Ebenen des menschlichen Denkens und Handelns. Körperliche und zelluläre Harmonie.

Euer Weg und euer Ziel!
Reine Herzen und ein reines Bewusstsein!

Pyramiden und energetische Tore

Pyramiden faszinieren die menschliche Zivilisation, da sie Geheimnisse und ungelöste Rätsel in sich bergen.

Auf eurem Planeten existiert eine enorme Menge Pyramiden, energetischer Orte und energetischer Kanäle für den Übergang in andere Dimensionen.

Die energetischen Kanäle benutzen wir zum Reisen in der Zeit und für Reisen zu eurem Planeten. Auf der Grundlage von Kraftstoffen wäre es uns nicht möglich, Entfernungen von mehreren Lichtjahren zu überwinden. Diese Energiekanäle erleichtern uns das Reisen zu euch, ohne dass wir irgendeine Anstrengung aufbringen müssen. Diese Kanäle oder auch Tore strahlen spiralförmige Wellen aus, die in mehrere galaktische Welten gleichzeitig reichen. Es genügt, sich an diese Spirale anzubinden.

Für euren Verstand ist das natürlich nicht einfach zu verstehen, aber wir mit unserem reinen Bewusstsein praktizieren es. Wir sind in der Lage, unseren Körper und unsere Gegenstände in winzige Teilchen zu zerlegen, in Mikropartikel. Jedes Partikel in unserem Körper (auch in eurem) ist lichtvoll. Jedes

Partikel pulsiert und bewegt sich selbstständig, hat die Fähigkeit, sich an verschiedene Zeitdimensionen und Zeitalter zu erinnern. Ja, sie können sich erinnern!

Wir schätzen jede Zelle, und wir sprechen mit ihnen. Unsere Körper sind fähig zur Teleportation, wie wir das Versetzen in der Zeit und im Raum über diese Lichtspiralen nennen. Auf diese Weise versetzen wir auch unsere lichtvollen Gegenstände, die ihr UFOs nennt. Es kommt darauf an, über welcher Spirale wir uns gerade bewegen. Für eine gute Übertragung von Energiespiralen sind hervorragend Orte geeignet, die sich auf großen Ebenen, Wüsten, riesigen Flächen und Feldern befinden. Das sind Orte, die die menschliche Zivilisation noch nicht mit Elektrosmog verunreinigt hat. Über diese Orte können wir sehr gut reisen.

Deshalb warnen wir auch stets vor der Verschmutzung eures Planeten und vor der Verunreinigung mit Elektrosmog. Dadurch würdet ihr uns am Zutritt hindern und auch eure Zivilisation am zukünftigen Reisen in Raum und Zeit.

Ihr müsst die Verschmutzung einschränken, sonst verhindert ihr euren Kontakt zu anderen galaktischen Gemeinschaften. Das würde das Ende für euch und das Ende der Hilfe durch uns bedeuten. Wir könnten euch nicht mehr helfen. Diese Energiespiralen dürfen nicht aus eurer Welt verschwinden!

Viele davon gibt es auch über den Ozeanen, dort ist die Verschmutzung durch Elektrosmog noch nicht so weit vorgedrungen.

Sobald wir uns auf der Höhe eures Planeten befinden, ist es kein Problem mehr für uns, uns in eurer Umgebung zu bewegen. Unsere Schiffe lenken wir in den meisten Fällen mit unseren Gedanken und mit der Kraft des Geistes.

Für uns ist fast alles möglich! Wenn wir wie ihr Kraftstoffe benutzen würden, wäre unsere Galaxis genau so verunreinigt wie eure. Ihr müsst euren Planeten schützen und euch auf eure

Kristallkinder und eure Zukunft verlassen! Sie werden euch viele Innovationen bringen, die wir ihnen in die Informationssphäre ihres Gehirns eingeben.

Diese Energietore sind sehr starke Energieplätze. Sie haben einen messbaren Wert, und mit Hilfe verschiedener Filter kann man ihre Strahlung fotografieren. In der Nähe dieser Zentren kann der Mensch sehr gut genesen und nimmt an spirituellem Bewusstsein zu, wächst geistig sehr stark.

Eure menschliche Zivilisation hat diese Orte zum Teil bereits entdeckt. Auch heilige und Pilgerorte gehören dazu, an die es die Menschen instinktiv zieht.

Nach einem mehrstündigen Aufenthalt an einem solchen Ort beginnt sich das Zellgedächtnis zu verändern und zu harmonisieren. Traumatische Erlebnisse oder unverarbeitete Geschehnisse werden in den meisten Fällen entstört, und der Mensch kann »von Neuem« beginnen.

Er fühlt sich auf allen Ebenen gestärkt und fängt an, sich positiv zu entwickeln und zu harmonisieren. Krankheiten verschiedenster Herkunft verschwinden in den meisten Fällen, die menschliche Seele wird gesund.

Zu diesen Orten gehören auch Pyramiden.

Wie wir bereits erwähnt haben, sind Pyramiden auf eurem Planeten weitaus verbreiteter, als ihr denkt. Auf eurer Welt existieren Zigtausende von Pyramiden. Auf der Erde und unter Wasser. Einige sind jedoch schon so zugewachsen und der Welt und der menschlichen Zivilisation unzugänglich, dass ihr nicht auf die Idee kommen würdet, dass in diesem Bereich Pyramiden stehen könnten.

Die Pyramiden sind vor eurer Ankunft auf dem Planeten Erde durch unsere Zivilisationen erbaut worden. Sie fungieren als Aggregate für kosmische Energie und gleichzeitig als Energiequelle für den Kern und das Innere eures Planeten. Diese Aggregate haben wir über den ganzen Planeten verteilt erbaut, damit sich eure menschliche Zivilisation und der Planet Erde mit kosmischer Energie nähren können. Ohne sie könntet ihr keine Energie über eure Energiezentren, die Chakren, im Körper aufnehmen. Fast jede galaktische Gemeinschaft nimmt Energie mit Hilfe von Pyramiden auf.

Die Pyramiden fungieren zudem wie eine Antenne für die Anbindung an das spirituelle Bewusstsein der Zentralsonne (eine Ausnahme stellen die ägyptischen Pyramiden dar, über sie schreiben wir später noch).

Jede Pyramide ist aus mehreren Schichten aufgebaut. Im Inneren der Pyramide verlaufen Lichtenergien und -strahlen, die aus dem Kosmos genau in dieses Bauwerk geleitet und gebündelt werden. Riesige Natur- und kosmische Kräfte finden sich in den Pyramiden oder in der näheren Umgebung dieser Bauwerke. Unglaubliches kosmisches Wissen. Konzentration von Millionen von Möglichkeiten, in eine andere Dimension und in der Zeit zu reisen.

In den Räumen der Pyramiden haben wir die günstigste Konzentration der Luft erschaffen. Sie ist an euch angepasst, genau so, wie die menschliche Rasse sie braucht. Die Pyramiden sollen der menschlichen Rasse als Heilkur dienen. Heilend und reinigend wirken. In den leeren Räumen befinden sich exakt messbare energetische Abdrücke unserer Zivilisation. Wir haben dort an den Wänden unsere genetischen Informationen, DNA und andere brauchbare Daten für die Erforschung unserer Zivilisation hinterlassen. Sie enthalten eine absolut abweichende genetische Reihe für den Beweis unserer Existenz. Abweichend, aber in bestimmten Aspekten euch ähnlich. Sie befindet sich in den Steinblöcken der bosnischen Pyramiden und an anderen energetischen Orten. Sie dienen der Erforschung und Bestätigung unserer Existenz.

Für euch sind Pyramiden immer noch ein Mysterium, für uns vollkommen normal, wenn auch unabdingbare Bauwerke für unseren Schutz. Die Pyramiden in den Ozeanen und unter der Erdoberfläche dienen »nur« als Energieaggregate. Betreten kann man sie nicht. Zumindest für euch ist das noch sehr gefährlich und unmöglich, diese physikalischen Gesetze zu überwinden.

Unter dem Bermudadreieck – wie ihr diesen Ort nennt – befindet sich ein ganzer Komplex an Pyramiden. Es ist ein Energietor, das den Übergang in eine andere Dimension mit Hilfe von Spiralwellen ermöglicht. Über dem Gebiet und unter dem Meer treten riesige Energiekräfte auf. Die Unterwasserwellen und -strömungen tragen hier versunkene Schiffe und Flugzeuge mehrere zig oder hunderte Kilometer von dem Ort weg. Für euch sind diese Schiffe und Flugzeuge dann unerklärlich verschollen.

Über dem Korridor sollten sich Flugzeuge besser nicht aufhalten. Die Strahlung ist dort so stark, dass das vergleichbar mit Millionen von gleichzeitig eingeschalteten Mikrowellen ist. Riesige Wirbel entstehen für den Übergang in eine andere Dimension. Bisher könnt ihr noch nicht damit umgehen.

∞

Ein weiterer Gedanke von uns war, in den Pyramiden Pflanzen anzubauen, die ihr braucht. Oder sie dort zu lagern. In den Pyramiden herrscht eine hervorragende Konzentration von Luftfeuchtigkeit und Lichtenergie. Darin gelagerte Lebensmittel überdauern lange in absoluter Frische. Die nährende kosmische Energie ist so stark, dass sich Vitamine und Mineralstoffe in Obst und Gemüse selbst nach mehreren Monaten nicht verbrauchen oder auflösen.

Pyramiden gibt es fast überall. Jeder Kontinent hat Tausende davon, damit ihr regelmäßig energetisch davon schöpfen könnt.

Die Wirkung der Pyramiden könnt ihr auch im Familienkreis nutzen. Unter einer rasch errichteten kleinen Familienpyramide könnt ihr Lebensmittel frisch halten und Vitamine, Mineralstoffe und Wasser beleben, das an Lebenskraft verliert, Energie für verschiedene Heilsalben tanken und anderes mehr. Es genügt, einen Gegenstand für drei Minuten unter eure vierseitige Pyramide zu legen, und schon wird er durch die kosmische Energie aufgeladen. Wir empfehlen aus Mineralsteinen erbaute Pyramiden, aus Glas oder anderen Naturstoffen. Die Pyramide sollte nach den Himmelsrichtungen ausgerichtet sein, damit sie in das System der Pyramiden auf eurer Erdkugel passt.

Falls euer Kind oder ihr selbst schlecht schlaft oder an einem Mangel an Lebensenergie leidet, stellt die nach den Himmelsrichtungen ausgerichtete Pyramide unter euer Bett oder in eure Nähe. Auch ein kleines Exemplar erzeugt ein natürliches Klima und schenkt eurem Raum und Körper eine Menge kosmischer Energie.

Mit dem Gebrauch der Pyramiden beschäftigen sich in der heutigen Zeit viele Wissenschaftler und Forscher, und so ist es nicht nötig, hier ins Detail zu gehen.

Versenkt euch aber in die Geheimnisse der Pyramiden und stärkt eure Lebenskraft!

∞

Im Gegensatz zu den eben beschriebenen Pyramiden – den energetischen Aggregaten, die ihr überall auf der Erde vorfinden könnt – sind die ägyptischen Pyramiden durch eine andere Zivilisation erbaut worden, nicht durch unsere. Eine ursprünglich vom Mars kommende Zivilisation hat sie erbaut. Die roten Energien, die rote Sonne, die roten Wolken und die pharaonische Energie sind auch für uns Geschichte.

Vor fast 30.000 Jahren reiste die marsianische Zivilisation durch die Galaxien und versuchte, einige Planeten oder Orte zu besetzen. Die Sphinx, halb Frau, halb Tier, war ein Symbol für ihre genetischen Versuche und ein Symbol für die absolute Vormacht über die menschliche Rasse und die Vormacht über menschliche Schönheit und menschlichen Verstand. Die Marsbewohner benutzten die Pyramiden als Kultplätze und zur Konzentration negativer Energien. Die typischen ovalen Köpfe und an Tiere erinnernden Gestalten – menschliche Lebewesen – gehörten zu ihrer unschönen Symbolik. So sind die Pyramiden von Giseh mit der Geisterwelt und mit mystischen Kräften von nicht gerade lobenswerten Nationen und Zivilisationen verbunden.

In den ägyptischen Pyramiden sind Millionen menschlicher und außerirdische Seelen gefangen, die der Pharaonenfamilie Kraft und Unbesiegbarkeit gaben. Dunkle Kräfte.

∞

Nach der fast vollständigen Besetzung mehrerer Gebiete hat die marsianische Zivilisation sich entschieden, einen anderen Planeten und andere Orte zu verwüsten. Manche Hieroglyphen schuf die Zivilisation der Marsianer, andere wurden nach und nach durch nachfolgende Zivilisationen gemeißelt, aber bis heute ist es euch nicht gelungen zu entziffern, worum es eigentlich geht.

Für die menschliche Rasse sind diese Botschaften im Endeffekt unbrauchbar. Es handelt sich um die Kultur und Zivilisation des Mars, um Berechnungen von Lichtjahren und interdimensionalen Räumen, die Rückkehr zum Heimatplaneten. Es sind auch Unglücke und die Anzahl der Opfer und Seelen festgehalten, die den Herrschern der pharaonischen und marsianischen Dynastie zum Opfer gefallen sind.

In den Pyramiden ist auf den Grabsteinen fast immer eine Sonne mit langen Strahlen zu sehen. Der Mars wurde von dieser Zivilisation für den Mittelpunkt des Universums und jeglichen galaktischen Lebens gehalten. Sie hielten sich für die Götter des Alls, und so verhielten sie sich auch.

Es ist nicht empfehlenswert, in diese Pyramiden einzutreten. Viele spirituelle Schüler haben schon versucht, die dort gefangenen Seelen und Opfer zu befreien. Bisher ist es noch niemandem gelungen.

Es wird erst in dem Moment gelingen, in dem ihr in die siebte Dimension aufsteigt! Diese armen Seelen und Opfer der Pharaonenfamilie treten mit euch in die siebte Dimension ein und werden dadurch befreit!

Orella, Vertreterin der plejadischen Zivilisation und Gemeinschaft

Einige Informationen über die Plejader

Liebe Menschen!

Wir würden euch gerne Informationen technischer und organischer Art weitergeben, etwas Wissen bezüglich unseres Lebens und Lebensstils, ein paar Informationen über uns.

Wir leben in einer sogenannten organisch-technischen Welt. Wir bemühen uns, die Natur, die Biogesellschaft und die Technik zu verbinden, um so gut wie möglich die Harmonie auf allen Ebenen unseres Lebens und der planetarischen Systeme zu bewahren. Wir geben uns Mühe, im Einklang und in absoluter Ordnung mit den universellen Gesetzen zu leben.

Im Grunde sind wir euch sehr ähnlich. Unsere Gestalt ist etwas größer als die eurer menschlichen Körper, wir können sie gut regenerieren, und dadurch leben wir viele hundert Jahre. 1200 bis 1300 Jahre sind keine Ausnahme. Unfassbar? Nicht für uns. Wir kümmern uns vollkommen um unsere Körper, jeden Tag sprechen wir mit ihnen und regenerieren sie. Jede Zelle ist ein einzelner lebender Organismus und daher absolut an das Energiesystem der Zentralsonne angebunden. Durch sie nehmen wir Kraft, Wissen und einen unendlichen Strom an Informationen auf.

Wir bemühen uns, wie ihr in einer familiären Gemeinschaft zu leben. Es stellt aber keine Ausnahme dar, dass die Sternenbewohner unserer Galaxis einzeln leben und eine Familie um sich herum nicht brauchen. Diese Einzelgänger haben bereits die Erleuchtung erreicht und sind in bedingungsloser Liebe so verbunden mit den anderen Mitgliedern der Gemeinschaft, dass sie aus dem Herzen leben und auf diese Weise miteinander kommunizieren. Sie sind glücklich, wenn sie ganz bei sich sind, aber auch, wenn sie mit anderen kommunizieren und ihnen helfen können.

Technische Errungenschaften gibt es bei uns im Gegensatz zu eurer Gesellschaft so viele, dass es uns sehr schwer fallen würde, ihren Zweck zu erklären. Wir haben es aber geschafft, das Angenehme mit dem Nützlichen zu verbinden – und es ist uns gelungen, anderen Völkern mit unserer Technik nicht zu schaden. Wir verwenden keinerlei Kraftstoffe oder Rohstoffe, die wir unserem Planeten entnehmen. Wir stellen vieles mit Hilfe von Informationen der allwissenden Intelligenz selbst her und missbrauchen diese Güter nicht. Im Gegenteil versuchen wir, anderen Planeten und Völkern beizustehen, die sich auf einer früheren Entwicklungsstufe befinden.

Wir sollten an dieser Stelle allerdings anmerken, dass es unter euch Menschen welche gibt, die von uns Informationen in die Wiege gelegt bekommen. Ihre Aufgabe ist es, bestimmte Leistungen zu vollbringen (sozusagen mit ihrem eigenen Verstand) und auf eurer Welt zu verbreiten. Das alles Schritt für Schritt.

Wir können ihnen natürlich nicht Informationen über Errungenschaften geben, für die ihr noch nicht die Bestandteile oder Bautechniken habt und für deren Konstruktion ihr bisher nicht die Voraussetzungen mitbringt. Alles Schritt für Schritt.

Versucht, so viel wie möglich an euch zu arbeiten, so viel wie möglich Seele und Körper zu reinigen und euch an die universellen Gesetze anzubinden.

Schritt für Schritt.

Eure Gemeinschaft

Wir, die plejadische Gemeinschaft, begleiten euch schon sehr lange Zeit. Wir standen euch zur Seite in der Zeit eurer Entwicklung wie in der Zeit von Entscheidungen, die nicht immer optimal für euch ausgefallen sind. Aber ihr habt diese Entscheidungen getroffen, nicht wir. Wir haben euch in eurer Entwicklung nicht gestört und euch nur im Hintergrund begleitet. Wir durften uns nicht zu sehr in eure Entwicklung einmischen, sondern mussten die Anweisungen des Lichtrats befolgen, der bis zum letzten Moment eure Entwicklung euch selbst überlassen wollte.

Wir müssen hier anmerken – und sicher fühlt ihr es auch –, dass eure Gemeinschaft und die gesamte Situation eurer menschlichen Rasse sich nicht auf optimale Weise entwickelt haben.

Für uns lichtvoll durchstrahlte Wesen ist es sehr schmerzhaft, dies zu beobachten. Dadurch, dass wir euch eurer Entwicklung überlassen mussten, habt ihr eine riesige Menge an Negativitäten hinsichtlich eurer Gesundheit entwickelt, hinsichtlich eures physischen Körpers, eures ätherischen Körpers, eurer ganzen gemeinschaftlichen Entwicklung. Das spiegelt sich jetzt nicht zuletzt darin, dass ihr eine sehr niedrige Stufe einnehmt, was das Verständnis eurer Bestimmung angeht.

Ihr habt den Zugang zu den kosmischen Gesetzen verloren. Ihr habt den Zugang zu eurem Höheren Ich verloren. Ihr habt den Weg zu eurem Zuhause, zu eurem lichtvollen Zuhause verloren. Zu dem Zuhause, von dem ihr alle ohne Ausnahme gekommen seid. Zu dem Zuhause, in dem eure Essenz rein und makellos war. Zu dem Zuhause, in dem ihr alles begriffen und verstanden habt und euch selbst, aber auch andere Seelen, geachtet habt.

Dadurch, dass ihr auf den Planeten Erde kamt, habt ihr im gesamten kosmischen System Komplikationen verursacht, die im Laufe der Zeit immer mehr zunahmen. Es waren und sind Komplikationen solchen Ausmaßes, dass sich jetzt ganze Kollektive galaktischer Gemeinschaften mit euch beschäftigen müssen – weil sie euch nicht weiterhin eurem freien Handeln überlassen können.

Nur sehr wenige auf eurem Planeten verstehen dies oder sind in der Lage, es zu verstehen. Dennoch sind wir diesen Einzelnen unbeschreiblich dankbar dafür, dass sie mit uns zusammenarbeiten und ihr durch *ihr* Handeln vorwärts gebracht werdet.

∞

Aber wir sollten am Anfang beginnen und euch zunächst darüber aufklären, woher die menschliche Zivilisation eigentlich auf den Planeten Erde kam. Dabei ist es unser Bestreben, es auf eine Weise zu tun, dass ihr alles so einfach wie möglich verstehen könnt.

Eure menschliche Zivilisation wurde auf diesen Planeten gebracht. Unsere plejadische Gemeinschaft hat euch, die menschliche Rasse, zusammen mit anderen friedlichen und hoch erleuchteten Gemeinschaften, wie es die von Orion,

Sirius und Arcturus sind, auf die Erde gebracht. Besser gesagt: *Ihr wurdet umgesiedelt.*

Eure Zivilisation lebte zuvor auf einem Planeten, der bereits eine sehr niedrige Frequenz hatte und euch, den einzelnen menschlichen Wesen, nicht mehr gut getan hat. Wir wollten euch helfen und haben deshalb für euch diesen wunderschönen blauen Planeten gefunden, den ihr Erde nennt. Wie schön und rein euer Planet war. Ja, *war.*

Welch wunderschöne Pflanzen und Landschaften, Wälder, Seen und Wasserreiche über den ganzen Planeten verteilt waren. Wunderschön und unberührt. Die Luft und die Erde waren so klar und rein, dass es einem den Atem verschlug.

Wir haben für euch diesen Planeten gefunden und euch hierher gebracht, damit ihr von Neuem beginnen könnt und sich die Frequenzen des ursprünglichen Planeten, der bereits unsere Hilfe brauchte, erholen können.

Für uns – und ebenso für euch – sollte es das sogenannte Projekt Atlantis werden. Wir haben euch hierher gebracht, verschiedene Völker und verschiedene Bräuche, damit euer Aufenthalt und Leben auf der Erde eine große Vielfalt mit sich bringt.

Zu diesem Projekt gehörte auch die Prüfung, ob ihr reine Seelen bleibt – ob ihr eurem Versprechen treu bleibt, eure Herzen, eure Seele und euer Bewusstsein zu schützen und euch nicht von anderen, negativen Energien und Seelen »anstecken« zu lassen, die sich im Laufe der Zeit auf den Planeten Erde inkarniert haben. Sie haben nämlich die Möglichkeit, euch im Nachhinein zu belasten.

Das Projekt Atlantis war euer Anfang, und unserer Sichtweise nach dürfen wir nicht zulassen, dass es auch euer Ende sein wird. Wir sehen, dass ihr unsere Hilfe braucht. Ihr habt euch damals energetisch negativ anstecken lassen, und die gesamte jetzige Situation ist der Beweis dafür.

∞

Leider war der Mensch an sich im Geist und im Herzen nicht so stark, wie er es sich gewünscht hatte. Er hat sich allzu sehr beeinflussen lassen und sich nicht dagegen behaupten können, dass dunkle Mächte seine Seele durchdringen.

Der Lichtrat hat lange zugelassen, dass ihr euch entwickelt, und euch bei dieser Entwicklung zugeschaut. Nun ist er der Ansicht, dass es nicht mehr möglich ist, euch weiter eurer Entwicklung zu überlassen. Deshalb bemüht er sich mit aller Kraft, euch wieder in den ursprünglichen Zustand zu bringen, wie zu Anbeginn von Atlantis – durch unsere Hilfe.

Eure menschliche Zivilisation und die ganze genetische Ausstattung jedes menschlichen Einzelwesens gehören zum Schönsten überhaupt in unserer gemeinsamen Galaxis. Wir wollen euer Geschlecht erhalten. Wir wollen nicht, dass ihr zugrunde geht – DESHALB SIND WIR HIER.

Durch euer negatives Verhalten ist es euch unmöglich, euch an die universellen Gesetze anzubinden. Es ist für euch nämlich mehr als schwierig, aus der Kraft eures Herzens zu handeln. Dadurch gelingt es euch nicht, euch an der Komplexität des spirituellen Bewusstseins zu orientieren und den kosmischen Gesetzen zu folgen.

Ihr seid durch eine ganze Reihe gemeinschaftlicher Katastrophen und Beschwerlichkeiten gegangen. Ihr seid durch künstlich von euch erschaffene Gesetze und Normen gegangen. Ihr habt eine Gemeinschaft von Menschen herbeigeführt, die sich in zwei Gruppen von Menschen aufgeteilt hat – in manipulierte Menschen und in manipulierende Menschen.

Ihr habt euch aufgeteilt, und so funktioniert es noch heute. Leider. Dieses gesamte kollektive Bewusstsein, das mehr als negativ ist, beeinflusst ohne Ausnahme jeden von euch. Es ist schwierig, sich daraus zu befreien ...

UND DESHALB SIND WIR HIER.

Wir haben schon vor Jahren durch einige wenige Einzelne mit euch kommuniziert, die fähig waren, unsere Gedanken und Informationen zu empfangen. Wir haben auf die Unehrenhaftigkeit eurer Zeit und Gemeinschaft hingewiesen. Wir haben damit viele Herzen geöffnet, und wir haben diese menschlichen Einzelwesen den Weg der Selbsterkenntnis und den Weg der Selbstbesserung beschreiten lassen.

Inzwischen sind immer mehr Einzelne in der Lage, mit uns zu kommunizieren und unsere Informationen weiterzugeben. Dafür sind wir ihnen dankbar – und auch ihr solltet dankbar sein, denn ohne diese schönen, reinen menschlichen Seelen würden diese Informationen nicht zu euch gelangen.

Dabei sind es Informationen, die euch bei der Bewusstwerdung und dem Begreifen eurer menschlichen Bestimmung helfen – und damit letztlich auch bei der Rettung eurer menschlichen Gemeinschaft.

Glaubt es ruhig: Ohne unsere Hilfe wärt ihr schon längere Zeit nicht mehr hier!

Wir konnten euch nur aus der Distanz helfen. Aber wir haben euch geholfen, und wir helfen euch immer noch, die Natur zu heilen, und teilweise auch dabei, euren Smog und verseuchte Partikel zu entfernen – Teilchen aus eurer Atmosphäre.

Es gibt so vieles, was wir euch mitteilen möchten. Es gibt so vieles, und es ist gerade an der richtigen Zeit, dass ihr euch bewusst werdet, wie ernst eure Situation ist!

Sie *ist* ernst. Aber noch ist es möglich, sie zu ändern.

∞

In diesem Jahr 2016 gibt es auf eurem Planeten etwa sieben Prozent an Einzelwesen, die wirklich durchleuchtet sind, die rein in der Seele und im Herzen sind.

Das sind die Pioniere und Helfer, die euch in eurer positiven Entwicklung beistehen und weiterhin beistehen werden. Sie übertragen ihre schönen lichtvollen Frequenzen auf andere und reinigen damit auch ihre Herzen. Es ist zwar ein geringer Prozentsatz, aber dadurch, dass ihr euch schon seit dem Jahr 2012 in der fünften Bewusstseinsebene befindet, verbreitet sich dieses Licht mit sehr großer Geschwindigkeit.

Es sind ganz besondere Einzelwesen, die euch da beistehen. Es sind Wesen, die von der Lichtwelt geschickt wurden und sich deshalb bewusst sind, dass sie bereits vor ihrer Inkarnation auf dem Planeten Erde beschlossen haben, euch hier beizustehen und allen anderen in dieser Welt ein »strahlendes« Vorbild zu sein.

Ein Vorbild für euch – euch alle!

Vielleicht gehört ihr ja selbst zu ihnen, zu den strahlenden Vorbildern. Sicher seid ihr nicht einfach nur so zum »Verweilen« auf die Erde gekommen, denn ihr habt euch entschieden, *in dieser Zeit* herunterzukommen. Jetzt hat jeder, der die Voraussetzungen dazu mitbringt und schon durch viele Lebensprüfungen gegangen ist und diese gut verstanden hat, die Möglichkeit, eurer Gemeinschaft beizustehen.

Wir möchten hier in diesen Botschaften Informationen an euch weitergeben, wie ihr das am besten anstellt – wie ihr den ganzen Sinn des kosmischen Bewusstseins und des Lebens begreifen könnt. Es sind dies Informationen darüber, wohin ihr euch spirituell bewegt. Als Einzelne wie als Menschheit.

Es sind Informationen über uns, darüber, wo wir uns aufhalten und auf welcher Entwicklungsstufe wir uns befinden.

Orella, Vertreterin der
plejadischen Gemeinschaft

Dunkle Mächte und ihr negativer Einfluss auf die Entwicklung eurer menschlichen Zivilisation

Die Zeit von Atlantis war durch den Lichtrat geplant gewesen. Als eine lichtvolle Zeit. So war es einst geplant gewesen vor langer Zeit. Aber leider sind dunkle Mächte auf euren Planeten gekommen, die euer Bewusstsein, eure Seelen gestört haben, und so wurden eure Herzen und eure Gemeinschaft in mehrere Gruppen geteilt.

Diese dunklen Mächte haben eure genetische Ausstattung und eure genetische Information gestört. Gestört, zerschlagen und zerstört. Eure DNA setzt sich jetzt nur noch aus zwei Strängen zusammen. In Atlantis hattet ihr 12 davon!

Wir werden später noch einige Male darauf eingehen.

Jetzt macht euch vor allem bewusst: Ihr hattet das Wissen und die Fähigkeit, euch mit den universellen Gesetzen zu verbinden, und eure Körper und euer Geist konnten sich an die Mineral- und Kristallreiche anbinden. Minerale und Kristalle waren eure Domäne. Ständig erfuhrt ihr einen Zustrom an Informationen, die in den Kristallen auf eurem ganzen Planeten gespeichert waren – durch Säulen, die mehr als 20 Meter hoch reichten.

In jeder dieser Kristallsäulen waren Informationen über eure menschliche Gemeinschaft gespeichert, über eure Geschichte, eure genetische Ausstattung. Sie enthielten Informationen darüber, wo ihr hergekommen seid, wie ihr eurem Körper helfen und euch selbst heilen könnt.

Diese mineralischen Wissensskulpturen waren eure Bibliothek und eure Antenne zu den Pyramiden und zum kosmischen Wissen.

Ihr könnt euch das wie die Wissensfülle eures heutigen Internets vorstellen. Es hat genügt, sich gedanklich an die Säulen anzubinden, und schon flossen euch die Informationen und Ratschläge zu, die ihr brauchtet.

Kristalle haben in der Zeit von Atlantis eine außerordentliche Rolle gespielt. Sie dienten der Kommunikation zwischen euch und uns. Sie dienten der Kommunikation zwischen verschiedenen Völkern auf eurem Planeten, die wir hierher gebracht – umgesiedelt – haben.

Die dunklen Mächte anderer Planetensysteme, die barbarische und habgierige Absichten verfolgten, haben diese kristallinen Kommunikationsriesen zerstört und ihre Reste über den ganzen Planeten verteilt.

Dadurch geschah es, dass die Menschen sofort aufhörten, untereinander zu kommunizieren. Sie verloren den Kontakt zu sich selbst und zu anderen menschlichen Wesen. Sie verloren den Kontakt zu uns und den Kontakt zu ihrem Körper.

Die dunklen Mächte und dunklen Seelen fingen an, eure Erde zu besetzen. Sie fingen an, sich über bestimmte Gruppen und Gemeinschaften zu erheben. Es entstand eine Vorherrschaft, die sie noch heute über euch ausüben.

Die Geschichte der Menschheit wurde durch dunkle Mächte umgeschrieben. Die dunklen Mächte inkarnierten sich in bestimmte menschliche Einzelwesen. Diese dunklen Einzelwesen begannen zu regieren, sie begannen, mit anderen dunklen Mächten zu kommunizieren und sich über den ganzen Planeten auszubreiten. Sie machten aus den menschlichen Einzelwesen Schafe, ängstliche Schafe.

Die dunklen Mächte haben die Kraft, die Macht und die Reinheit Gottes missbraucht und die Kirche gegründet. Die Kirche und ihr unwahres Wesen.

Kirche ist nicht gleich Kirche. Darin besteht ein Unterschied. Die Kirche beherrscht eure Gesellschaft. Die Kirche hat schon immer auf Frequenzen der Angst beruht. Es war nicht schwer, das unter den menschlichen Einzelwesen zu verbreiten. Die menschlichen, schönen, reinen Seelen fingen an, sich zu ängstigen, und steckten sich mit der Macht der Angst, der Erniedrigung und der Panik an.

Die Herrschaft des Menschen über den Menschen erfolgte durch dunkle Mächte in Gestalt menschlicher Wesen.

∞

Nach und nach hat eine große Anzahl dunkler Mächte euren Planeten besiedelt. Die reinen Menschen haben die Angst des furchtsamen kollektiven Bewusstseins übernommen. Alles ist aus der Bahn geraten, alles. Absolut alles.

Wir sind hier! Wir wollen euch helfen!

Wir wollen, dass ihr begreift, was für ein schönes reines Wesen sich in jeder eurer Seelen verbirgt und welche Reinheit erneut entsteht, wenn ihr euch von diesen Energien der Furchtsamkeit befreit.

Werdet euch bewusst, was für eine helle Essenz ihr hattet, die jeder von euch noch immer in sich trägt. Es liegt an jedem von euch, sich das bewusst zu machen und endlich zu handeln. Wieder Frieden und Reinheit im Herzen durchzusetzen.

Eure Aufzeichnungen, eure Geschichtsliteratur, eure Bibel – das schlimmste überhaupt! – sind durch die dunklen Mächte manipuliert. Die Fundstätten uralter Gegenstände sind teilweise manipuliert, zahlreiche Gegenstände untergeschoben. Eure Menschheitsgeschichte ist größtenteils ganz anders verlaufen. Finanzen und Besitz haben die dunklen Mächte und ihre Anhänger blind gemacht. Sie haben sie blind gemacht und so den gesunden Menschenverstand und die Menschenwürde betäubt.

Es gibt Gegenströmungen: Auf der ganzen Welt sind »zufällig« schlagkräftige Beweise gefunden worden, Aufzeichnungen und Bücher, denen zufolge ihr eure wahre Geschichte wieder ermitteln könnt. Glaubt aber nicht alles!

Kehrt in euer Inneres zurück und erinnert euch daran, was eure Bestimmung ist. Sucht die Antworten *nicht* bei anderen menschlichen Einzelwesen, die mit ganzer Kraft an das furchtsame kollektive Bewusstsein angebunden sind!

Sucht diese Antworten in euch selbst.

Lernt wieder, eure Essenz zu finden und euch zu erinnern. Jeder von euch, jeder, ganz gleich, durch welches Leben er gegangen ist, durch welche Inkarnationen er gegangen ist, und ganz gleich, wie er sich auch entwickelt hat, trägt noch einen Teil seiner Essenz in sich, die mit der göttlichen Kraft und mit den Gesetzen der universellen Liebe verbunden ist. Jeder von euch! Ganz gleich, was er durchlebt hat, wie viel er gelitten hat und ob er pessimistisch oder aggressiv ist. Jeder! Jeder Einzelne von euch!

Es ist an der Zeit, sich zu erinnern und zu verbinden. Unsere und andere friedliche und hoch entwickelte Gemeinschaften mussten diese Entwicklung ebenfalls durchlaufen und sich wieder an ihre Bestimmung erinnern. An ihre Essenz.

Eure reine Essenz in der Seele ist immer noch an das Wissen der gigantischen Kristallsäulen angebunden. Jeder Kristall auf eurem Planeten trägt einen Teil dieses Wissens in sich. *Es genügt, sich mit ihnen zu verbinden.*

∞

Wir können nicht oft genug betonen, dass unsere Gemeinschaft eine ähnliche Entwicklung durchlaufen hat wie die menschliche Zivilisation. Auch wir hatten Zeiten, in denen der kosmische Rat und die Lichtwelt eingreifen mussten.

Dafür sind wir ihnen unbeschreiblich dankbar. Sie haben uns geholfen, schließlich in die siebte Dimension zu gelangen. In ihr wollen wir uns halten und möchten nie mehr hinabsinken!

Jeder, wirklich jeder Einzelne von uns musste die Kraft und den Mut in sich finden, sich der Dunkelheit und den dunklen Mächten zu stellen und sich seine reine Essenz zu bewahren. Der Lichtrat und höhere für uns zuständige Wesen haben uns geholfen, uns unterstützt und in der positiven Frequenz gehalten. Wir denken, dass wir ohne sie unseren spirituellen Schub nicht gemeistert hätten.

Wir haben die Dunkelheit überwunden und das Licht entfacht. Licht auf allen Ebenen und Linien!

Es hat uns in eine Dimension geschoben, in der wir unsere Gedanken manifestieren und materialisieren können. Unsere Herzen sind so rein, dass wir uns absolut mit den kosmischen Gesetzen verbinden können – und dadurch auch mit der Quelle. Dort gibt es alle Informationen, alle heilenden Eigenschaften und Kräfte, bedingungslose Liebe und das *höchste Bewusstsein.*

Unsere Zivilisation hat eine gesamt- und interplanetarische Anhebung des Bewusstseins in Form von Meditationen, energetisch aufgeladenen Prozessen und Ritualen erfahren. Das hat unser Bewusstsein erhöht. Unsere Seele, unser Körper haben begonnen, mit der Kraft der göttlichen und höchsten Liebe zu schwingen.

Dunkle Teile oder dunkle Ganzheiten haben sich transformiert, so dass unsere Seele und unser Körper Beistand erhielten. Es musste aber jeder Einzelne von uns mitarbeiten. Als wir vom höheren kosmischen Rat telepathisch positive Anweisungen bekamen, haben wir seine Ratschläge befolgt und uns zusammen mit den Einzelnen, die darauf schon vorbereitet waren, gereinigt.

DESHALB SIND WIR JETZT HIER!

Und wir haben ein Ziel: Wir wollen uns euch bald offiziell in unserer physischen Gestalt zeigen und telepathisch diejenige Menschenschicht positiv beeinflussen, die euch an eurem spirituellen und bewusstseinsmäßigen Fortschritt hindert.

Ohne Reinigung und den Aufstieg in höhere Dimensionen gelingt es eurem Planeten Erde niemals, in die siebte Dimension der kosmischen Gesetze und der bedingungslosen Liebe aufzusteigen.

Ohne uns wird es nicht gehen.

Deshalb: Beginnt schon jetzt, ihr, die bewussten Menschen. Beginnt damit, euch zu reinigen! Der Planet schwingt bereits in einer sehr niedrigen Frequenz und braucht eure und unsere Hilfe. Er will mit euch in ein Planetensystem aufsteigen, das wunderschön schwingt und die Frequenz der universellen Intelligenz atmet!

Wir appellieren an jeden Einzelnen von euch: Übertragt Liebe und den Glauben an eine bessere Zukunft. An eine bessere Zukunft für euch, eure Kinder, die Kinder eurer Kinder und wieder für euch selbst! Wenn ihr erneut auf dem Planeten Erde inkarniert, wollt ihr auf einen geheilten und lebendigen Planeten zurückkehren!

Anbindung an die reine Essenz des Plejadengestirns und die Verschmelzung mit Gott

Eure Essenz ist für euch LEBENSWICHTIG. Und ebenso, dass ihr sie versteht – eure Essenz! Die Essenz Gottes, die Essenz der menschlichen Seele!

Im Idealfall ist sie die vollkommene Verbindung zwischen Gott und euch. Die Essenz ist der Kern eurer Seele. Dazu braucht es nur ein reines Herz und reine Schwingungen, den positiven Ausdruck der menschlichen Seele und des physischen Körpers.

Aber wie soll man das machen und wie beginnen? Wie soll man die Essenz in sich finden, gerade die Essenz? Wo befindet sie sich, unter welchen Schichten oder Schalen der Seele verbirgt sie sich?

Diejenigen unter euch, die bereits an sich arbeiten, haben wahrscheinlich mit dem Auffinden und Sich-Bewusst-Machen der eigenen Essenz kein Problem. Sie verstehen, wo sie sich befindet, sie verstehen, dass materielle Dinge nicht eine reine und klare Essenz ersetzen können.

∞

Wir bieten euch allen eine einfache Übung an, die es euch ermöglicht, euch mit eurem Inneren zu verbinden – mit eurer wunderschönen Essenz. Mit dem Wertvollsten, was ihr in euch tragt. Mit dem, was ihr in der Lichtwelt hattet und bei eurem Eintreffen auf dem Planeten Erde verloren habt. Mit dem, was dunkle Mächte und das durch sie herbeigeführte kollektive Bewusstsein des Grauens getrübt haben.

Zuerst müsst ihr euch bewusst machen, wie sehr und umfassend euch dieses dunkle Bewusstsein beherrscht. Eure gesamte politische und wirtschaftliche Entwicklung und Lage sind mehr als katastrophal. Das wisst ihr. So katastrophal, dass das, was auf eurem Planeten geschieht, uns tätig werden ließ – mit Hilfe des Lichtrats.

Bereits 93 Prozent der Menschen haben sich durch die dunklen Mächte und das dunkle Bewusstsein anstecken lassen und denken negativ. Sie sehen keinen Ausweg mehr. Sie erleben das Leben zu ihrem Nachteil und lassen sich durch die Nachrichten im Fernsehen und im Radio verwirren. Politiker und mächtige Wirtschaftsmagnate senden nur Böses in euer Leben aus und erzeugen dadurch Hoffnungslosigkeit in Bezug auf die Lebenssitation.

Es tobt ein Kampf des Bösen gegen das Gute. Es wirken die Botschaft und Frequenz des Guten auf das Böse.

Euer Planet ist im Jahr 2012 in die fünfte Bewusstseinsdimension aufgestiegen. Das ist eine bewusstseinsmäßig sehr hoch schwingende Dimension. Dadurch zeigen sich jetzt das Böse und alles Negative – und es kann sich nicht länger halten.

Das Böse versucht noch mit allen Mitteln, sich festzuklammern und bei den Menschen zu schmarotzen, aber das Gute ficht einen Kampf mit ihm aus, der zugunsten des Guten ausfallen wird.

Dunkle und schwere Energien werden in Licht transformiert. Ihr seid bereits auf einem guten Weg.

∞

Aber was macht dieser Kampf mit dem menschlichen Körper und der menschlichen Seele?

Die weisen Menschen, die an sich arbeiten und einen Überblick über die gesamte globale und energetische Situation haben, sind sehr im Vorteil. Sie verstehen die Zusammenhänge, sie reinigen sich selbst und transformieren dunkle und negative Muster und Verbindungen. Sie wissen, dass ihr Körper beginnt, ein *lichtvoller* Körper zu sein, und die Schwere der belastenden irdischen Energien nicht mehr erträgt. Sie wissen, dass der Geist keine karmischen und traumatisierenden Muster mehr erträgt. Deshalb versuchen sie sich mit allen Mitteln zu reinigen. Sie wissen, dass Herz und Seele mit der göttlichen Intelligenz schwingen und verschmelzen müssen. Dort, in der göttlichen Intelligenz, ist euer Zuhause, und sie ist euer Ziel.

Ihr müsst die Frequenz der strahlenden Farben der reinsten atmosphärischen Schwingungen annehmen.

Jeder von euch muss so rein sein, dass er für sich selbst ein Leiter – ein kristalliner Leiter – und ein Mensch ist, der sich in jeder Hinsicht auf sich selbst verlassen kann. Er wird Liebe und Positives ausstrahlen.

Sobald er nach oben heimkehrt, in sein Zuhause, wird er genau in die göttliche Matrix passen. Er muss dann nicht mehr auf den Planeten Erde zurückkommen, um sich weiter zu reinigen.

Was passiert aber mit der anderen Gruppe? Der Gruppe Menschen, die ihre Aufgabe auf Erden nicht verstanden haben und jammern und auf das Leben und das Schicksal schimpfen?

Diese Leute schwingen schwer, sehr langsam. Ihre körperliche und energetische Matrix ist so unvollkommen und regelrecht durcheinander, dass sie es einfach nicht zu Wege bringen, in die Matrix der Erde und des Universums zu passen. Doch damit verliert das kosmische Netzwerk, in das die Matrix genau, wirklich haargenau, passen muss, für sie seinen Sinn. Und so verliert auch der Mensch, der eine derart chaotische Matrix aufweist, seinen Sinn. Absolut gar nichts funktioniert mehr, und der langsam und schwer schwingende Körper beginnt auf eine furchtbare Art dahinzusiechen.

An den Stellen im Körper, wo das Netz nicht durchgeht, entstehen tote Punkte, an denen sich Krankheiten festsetzen. Krebs ist dafür ein Beispiel und Beweis. Das sind energetisch unterversorgte Stellen und Blockaden im Körper.

Aber was ist mit Geist und Seele dieser Menschen? Die sind noch viel schlimmer dran. Die Seele verliert ihren Sinn des Lebens, weil sie nicht mehr weiß, *wofür* sie lebt. Das ständige Suchen nach der eigenen Essenz und Matrix hat sie erschöpft. Auf allen Ebenen des psychischen Bereichs erschöpft.

Wozu immer nach etwas jagen, etwas suchen und ein ums andere Mal zusammenbrechen? Wieder und wieder Misserfolge ernten. Wozu? Völlige Desorientation ist die Folge. Desorientation bezüglich der Welt und Desorientation bezüglich seiner selbst. Dann kommen noch Nachrichten über die hoffnungslose Situation der gegenwärtigen Welt hinzu, und das Unglück ist geschaffen.

Diese Menschen verlieren den Boden unter den Füßen, sie haben alles verloren. Sie haben ihre Zuversicht verloren, ihre Hoffnung, und was das Schlimmste ist – sie haben angefangen zu überlegen, wie sie ihre Inkarnation beenden könnten, sie begreifen nicht, dass sie mit ihrem Weggehen *nichts lösen.*

Sie begreifen nicht, dass sie sich mit ihren Gedanken an das Feld von Millionen Menschen angebunden haben, die das

Gleiche dachten. Von Millionen Menschen, die aus dem irdischen Leben gegangen sind, ob nun absichtlich oder als Folge eines kranken Körpers und Geistes. Sie haben sich an dieses dunkle Feld Kranker und Toter angebunden, und dieses Feld zieht sie in sein Inneres.

Diese chaotische Matrix kann sich nicht auf der Erde halten. Sie löst sich mitsamt des Menschen – und der Mensch geht.

∞

Habt ihr bemerkt, wie viele eurer irdischen Kollegen in den letzten Jahren gegangen sind? Habt ihr bemerkt, dass Menschen ihre irdische Inkarnation verlassen? Um euch herum stirbt eine unzählige Menge Menschen, die in ihrer Essenz nicht richtig und wahrhaftig mit der eigenen Matrix verbunden waren. Das hat ihnen den menschlichen Körper genommen, die Hülle, die Materie. Es hat ihnen das Leben genommen.

Sie haben nicht begriffen, dass ihnen dadurch Inkarnationen bevorstehen, in denen sie lernen müssen, dies zu begreifen.

Es ist so einfach – das Herz reinigen und seine eigene göttliche Essenz finden!

Vorrede der plejadischen Zivilisation zur ersten Übung

Unsere Zivilisation lebt auf wunderschönen Planeten, die Plejaden genannt werden. Es sind sieben himmlisch strahlende Welten. Zu ihnen gehört noch eine weitere Sternengruppe, die sich uns, unserer Heimat, angeschlossen hat. Sieben Sterne – die strahlendsten Planeten, bilden unser hauptsächliches und wichtigstes Zuhause.

Unsere Welten sind bereits in die siebte Bewusstseinsdimension aufgestiegen. Wir leben hier wahrhaft in Harmonie und Frieden und bemühen uns unablässig, uns diesen kosmischen Zustand der bedingungslosen Liebe und des positiven Verstehens unserer Zivilisation und des gesamten Universums zu erhalten.

Dadurch, dass unser Planet in Frequenz und Matrix in das System anderer hochfrequenter und energetisch gereinigter Planeten passt, können wir mit der Kraft unserer Planeten Energie übertragen, und wir können unsere Lehren und unser Wissen an andere, schwächere Planeten weitergeben.

Lernt zuerst, euch mit unserer Kraft zu verbinden und gleichzeitig mit der Kraft der göttlichen Intelligenz. Jeder, der sich gedanklich mit uns verbindet, kann sicher sein, dass diese gedankliche Brücke die zeitlich-dimensionale Entfernung überwindet und sich genau mit unseren »Schwingungszellen« verbindet. Unsere »Schwingungszellen« – das ist eine Vorrichtung, die augenblicklich positive Kraft und Energie zu der betreffenden Person oder Gruppe von Menschen aussendet, die sich soeben gedanklich an uns angebunden hat. Die Fähigeren und spirituell weiter Entwickelten unter euch können diese farbenprächtige Energie sehen und wahrnehmen.

Es geht darum, das ganze Einzelwesen zu reinigen und an das kosmische Wissen und die Kraft anzubinden. Das ist möglich, weil wir imstande sind, die menschliche Materie lichtvoll zu zerlegen, sie zu reinigen und wieder in den ursprünglichen Zustand zu versetzen, ohne dass das betreffende Individuum es bemerkt.

Dies geschieht durch das bunte Spektrum kosmischer Teilchen und die Kraft Gottes. Materie ist nicht fest, sie ist immer beweglich. Atome und Moleküle sind einzelne Welten und Universen, jedes Atom und Molekül ist ein eigenständiger Organismus und hat ein eigenständiges Bewusstsein. Deshalb ist es notwendig, euren Körper so wahrzunehmen, dass ihr jede Zelle mit Ehre und dem gebührenden Respekt behandelt.

Die Menschen betrachten ihren Körper oft als Maschine und kommen gar nicht auf die Idee, mit ihm zu kommunizieren und zusammenzuarbeiten.

Euer Körper ist euer bester Freund, er trägt euch durchs Leben, und ihr solltet ihn wertschätzen!

In der folgenden Übung lernt ihr zunächst, euch an unsere Kraft und an die Kraft Gottes anzubinden. Unsere Planeten strahlen in allen Farben, und wenn ihr euch mit uns verbindet, wird wahrscheinlich jeder von euch eine andere Farbe sehen. In den meisten Fällen wird sich euch aber wahrscheinlich die Farbe Orange oder Hellblau zeigen.

Übung

Anbindung an die reine Essenz des Plejadengestirns und die Verschmelzung mit Gott

Setze dich hin und beruhige deinen Geist. Atme tief. Versuche dich auf dein Herz zu konzentrieren. Auf dein »Instrument«, das dich mit dem Universum und seinen positiven Gesetzen verbindet. Probiere, deinen Puls zu verlangsamen und zu beruhigen. Je langsamer und ruhiger das Herz in diesem Moment schlägt, desto stärker wird die Verbindung zur reinen Energie Gottes und der Planeten des Plejadengestirns sein.

Sprich: »Ich verbinde mich hiermit bewusst mit der Kraft des Plejadengestirns. Ich binde mich an die Reinheit der Essenz und Frequenz dieser Welt an. Ich verbinde mich mit der Kraft meiner kosmischen Familie. Wir sind eine Einheit.«

Stell dir die Zentralsonne des Universums vor. Die reinste und intelligenteste Kraft und die Macht Gottes. Das reinste Bewusstsein, absolut strahlend. Ein energetisches Feld reinster Informationen und Dimensionen. Ein energetisches Feld strahlender und klarer Wesen.

Die Zentralsonne sendet einen Strahl mit den wunderbarsten Farben aus. Er nähert sich unserem Plejadengestirn. Er nimmt dort noch mehr Kraft und Farbigkeit auf.

Dieser stark leuchtende Strahl bewegt sich jetzt in Richtung des Planeten Erde. Er nähert sich dir und durchströmt deinen ganzen Körper und reinigt dein Herz. Dein Herz strahlt und phosphoresziert.

Höre nicht auf, ruhig und langsam zu atmen, verlangsame deinen Herzschlag und verbinde dich.

Verbinde und bedanke dich. Mache dir vollkommen bewusst, dass du dich kraft deiner Absicht und Gedankenbrücke angebunden hast.

Falls dir die Visualisierung schwerfällt, reicht auch deine Absicht aus. Wir werden dich schon erhören. Wir sind gerade jetzt bei dir.

Während du diese Zeilen liest, stehst du mit uns in Verbindung.

Es ist dir gelungen, dich mit uns zu verbinden.

Erwarte eine positive Entwicklung deines Tuns.

Wir danken dir für dein Vertrauen und für den soeben hergestellten Kontakt mit unserer Zivilisation.

Anbindung an die geometrische Signatur des Universums

Ihr sollt wissen: Einer großen Anzahl verschiedenster Organisationen ist es gelungen, euch psychisch zu versklaven und spirituell in Abhängigkeit zu bringen. Zu ihnen gehört auch eine Gruppierung namens Illuminati. Ihre Mitglieder haben sich dunklen Mächten verschrieben, die einen starken negativen Einfluss auf eure Gesellschaft haben. Und es gibt noch viele andere solcher Organisationen, wie zum Beispiel Scientology.

Die Menschen, die sich diesen Gemeinschaften verschrieben haben, tragen das Wissen eben jener dunklen Mächte in sich, die sich in früheren Zeiten auf eurem Planeten inkarniert haben. Sie tragen geometrisch kodierte Muster in sich, die ihnen dabei helfen, andere menschliche Wesen spielend leicht zu manipulieren.

Jeder von euch passt genau in die geometrischen Muster des Kosmos und seine Gesetzmäßigkeiten, und diese Geometrie gehört auch zu eurem Wesen und erklärt Ereignisse, die sich in eurem Körper und Geist abspielen.

Die Illuminaten missbrauchen das. Sie gehören zu den größten parasitären Schichten. Sie verseuchen euren Planeten und seine Bewohner schon lange mit negativen Mustern, darunter bestimmte geometrische Implantate. Sie sind in der Lage, derartige Implantate in die Körper menschlicher Individuen einzupflanzen und diese so zu gehorsamen Schäfchen zu machen, die ihren Zwecken dienen.

Die Illuminaten, wie ihr sie nennt, gehören zu Völkern, mit denen fast niemand etwas zu tun haben will. Sie haben fast euren ganzen Planeten besetzt. Sie haben die Weltpolitik, das Bankwesen, ja alle Finanzströme unter sich, und ihnen gehört die gesamte Pharmaindustrie. Sie sind an die Kraft der Macht und des Geldes angebunden – an jegliche Kraft, die menschliche Wesen manipulieren kann.

Ihr ahnt nicht, wie sehr und wie tief euch diese dunklen Mächte bereits beeinflusst haben und immer noch beeinflussen. Ihr ahnt nicht, dass es für euch nötig *und* möglich ist, euch diesen Mächten mit der Kraft des Lichtes zu stellen und ihnen euren Widerstand vorzuleben. Ihr ahnt nicht, dass ihr – alle positiv denkenden Menschen – sehr wohl den Schlüssel und die geometrische Veranlagung in Händen haltet, diesen dunklen Mächten zu zeigen, wie stark ihr seid.

Natürlich geht es hier wieder um Dualität. Aber auch Dualität ist letzten Endes immer ausgewogen und weist stets ein Plus und Minus von jeweils 50 Prozent auf. Die Bilanz sind immer 100 Prozent, ist immer das Ganze. Wenn sich das Plus und Minus nicht prozentual ausgleichen, überwiegt stets eine Kraft.

∞

Tut euch zusammen und bildet eine Gemeinschaft, die sich diesen dunklen Mächten bewusst entzieht. Entzieht euch dem herrschenden politischen Denken, den Bereichen der

Finanzen, Banken und sonstigen Geldenergien, von denen sich die Illuminaten und ihre Anhänger ernähren.

Ja, sie ernähren sich davon. Wahrhaftig!

Sie bringen es fertig, sich an die Macht der dunklen Energiefelder anzubinden und energetisch von ihnen zu ernähren. Ihre Seelen und Körper schwingen in einer dunklen Frequenz. Diese verbreiten sie unter anderen Menschen und Tierwesen.

Schaut nur auf die Vorgänge in eurer Welt, die mit der Pharmaindustrie zusammenhängen! Eure Körper werden durch die pharmazeutischen Präparate im wahrsten Sinne des Wortes getötet. Eure lichtvolle Körpersprache wird durch sie abgestumpft, so dass ihr es nicht mehr schafft, euch an die lichtvollen Gesetze des Universums anzubinden. Ihr habt den vollkommenen Kontakt verloren.

Eure dunklen menschlichen Kollegen aus dem Pharmabereich bringen euch bewusst und ganz offiziell um. Sie töten schrittweise eure Körper, und ihr lasst es zu, lasst diese verhängnisvollen Präparate in den Körper gelangen. Sie entsprechen nicht eurer genetischen Veranlagung und töten das Zellbewusstsein und das Zellgedächtnis ab, und was das Schlimmste ist: Eure kosmische geometrische Veranlagung des Körpers, die genau in die Geometrie des Universums passen muss, zerfällt und kann sich nicht in die Matrix der Erde und des Universums eingliedern.

Ihr lasst euch von angeblichen Autoritäten beeinflussen und habt keine eigene Meinung. Ihr lasst euren Geist und euren Körper bewusst abtöten.

Entledigt euch jeglicher Pharma-Chemie!

Werdet jegliche Meinungen los, die nicht eurer Vorstellung entsprechen.

Werdet zu selbstständig denkenden Individuen.

Jeder für sich, denn jeder muss bei sich selbst beginnen!

∞

Seht, wie sehr sich die Menschen im Zweiten Weltkrieg haben beeinflussen lassen. So viele Menschen haben Adolf Hitler geglaubt, der im Auftrag der Illuminaten tätig war, ein Wesen, auf eurem Planeten installiert, damit es Länder, menschliche Individuen und ihren Geist besetzt. Werft nur einen kurzen Blick in der Zeit zurück und macht euch bewusst, wie sehr sich Millionen von Menschen beeinflussen ließen!

Die Illuminaten haben, genau wie sie es heute noch mit euch tun, diese Inkarnation, Hitler, mit kodierten Mustern aufgeladen, die menschliche Einzelwesen anzogen und sie zu seinen Anhängern machten. Es war für die Dunkelmächte nicht schwer, zu seiner Person passende Muster zu erschaffen. Das Ziel war das unbewusste Aufnehmen dieser dunklen Muster durch die menschlichen Einzelwesen.

Die dunklen Mächte konnten diese kodierten Muster leicht mit Hitler verbinden. Damals befanden sich die menschlichen Einzelwesen auf einer absolut niedrigen Ebene spirituellen Wissens. Praktisch auf einer Nullebene. Die Menschen waren zu jener Zeit nicht an die kosmischen Gesetze angebunden, ihre Herzen haben nur geschlagen, um ihre Körper zu nähren, und ihr Geist war dadurch vom Herzen abgetrennt, weshalb sie leicht zu manipulieren waren.

Dunkle Mächte können aber nicht diejenigen beeinflussen, die sich mit der positiven universellen Kraft verbinden. Sie erreichen nicht jene, deren Herz rein ist und keine Anzeichen eines Egos trägt. Sie können nicht einmal diejenigen beeinflussen, die an das negative Feld anderer menschlicher Einzelwesen angebunden sind.

Versteht ihr die Quintessenz dessen?

Nur unabhängige Einzelne, die ihre eigene Meinung und ein positives Denken haben und regelmäßig ihr Ego reinigen, haben eine Chance, diesen dunklen Mächten zu entkommen und ihre geometrische, zu den universellen Gesetzen passende Veranlagung beizubehalten.

Ihr müsst euer Herz rein erhalten. Euer Herz wird durch alle Negativitäten belastet. Es muss rein und energetisch an die universellen Gesetze angebunden sein. Wenn ihr euer Herz reinigt, seid ihr in der Lage, euch wieder an das Positive des Universums anzubinden und dadurch euer spirituelles Bewusstsein zu erhöhen.

Ihr seid dann in der Lage, euch mit den energetischen Feldern anderer positiv denkender kosmischer Zivilisationen zu verbinden, mit euren kosmischen Familien, und dadurch für eure Entwicklung und den Gesamtfortschritt eurer menschlichen Zivilisation nützliche Informationen zu empfangen.

∞

Wir wollen euch mit diesen Texten helfen. Wir wollen euch den Sinn eures Handelns auf dem Planeten Erde erklären und euch den Sinn des Lebens eines Menschen erklären. Des Menschen und seiner Essenz.

DESHALB SIND WIR HIER!

Bisher sind immer nur bruchstückhafte Informationen zu euch gelangt. Die dunklen Mächte haben alles unter der Haube gehalten, ganze Jahrtausende lang ist ihnen das gut gelungen. Nun bricht aber eine neue Zeit an, eine neue Ära eurer menschlichen Zivilisation, und wir hoffen, euch ist ebenso klar wie uns, dass sich das Denken auf eurem Planeten ändern MUSS, sonst wird es euch schlecht ergehen.

Eure Systeme müssen sich ändern – UND DESHALB SIND WIR HIER!

Und wie wir schon angemerkt haben, seid ihr durchaus auf einem guten Weg. Woher wir das wissen?

Wir sehen, dass ihr diesen Einstieg in die Zeit des Lichts aus der Zeit der Dunkelheit schafft und es euch gelingt, euch in höhere Bewusstseinsdimensionen zu katapultieren.

∞

Damit ihr euch wieder an eure geometrische Veranlagung, die ihr in euch tragt, erinnern könnt, ist es notwendig, euch der Kraft des Kreises bewusst zu werden.

Die Kraft des Kreises und seine Bedeutung sind euer Beginn und eure Vollendung. Der Kreis steht für das zentrale Wissen und die Verbundenheit mit allem. Er ist das Symbol der Unendlichkeit, der Einheit und der Einfachheit.

Das Zeichen für Unendlichkeit, die liegende Acht, ist eine Torsion dieses Kreises, seine Verdrehung, und das verstärkt seine Wirkung noch.

Unendlichkeit der Seele, Unendlichkeit des Bewusstseins und Unendlichkeit des Geschehens und Handelns im Universum – im Kreis ist praktisch alles enthalten: niemals endendes Geschehen und Verbundenheit mit allem.

Grenzt euch mit Hilfe dieser Symbole, des Kreises und der liegenden Acht, bewusst von anderen Einzelwesen ab, die negativ denken. Tretet in euer eigenes Ich ein – in euer Inneres. Aktiviert wieder eure heilige Geometrie. Macht damit einen neuen Anfang.

Der Kreis ist das Symbol für euren Neubeginn und euer unendliches Sein.

Übung

Aktivierung eurer heiligen Geometrie zur Abgrenzung gegenüber Negativitäten

Verbinde dich mit Hilfe der vorangegangenen Übung in Gedanken und über dein Herz mit uns.

Schon durch deine bloße Absicht wird es dir gelingen, und du bist mit uns, der Zivilisation der Plejaden und ihrer Mitglieder, die für deine persönliche Entwicklung zuständig sind, verbunden.

Die ursprüngliche Signatur in Form eines geschlossenen, nie endenden Kreises wird gerade jetzt aktiviert.

Stelle dir vor, dass du in der Mitte eines silbernen Kreises stehst. Über deinen Körper werden noch weitere silberne Ringe gelegt, die sich von oben nach unten bewegen. Sie durchziehen deine Dimension, aktivieren und reinigen dein ätherisches Aurafeld und begründen gleichzeitig die Signatur deiner Ganzheit und Verbundenheit mit allem.

Wir, die für dich zuständigen plejadischen Vertreter, aktivieren hiermit deine neue Signatur, die eine passgenaue Verbindung zu deinem physischen Körper und den positiven Gesetzen des Universums hat. Deine geometrische, für dich elementare und wichtigste Veranlagung, wird soeben aktiviert.

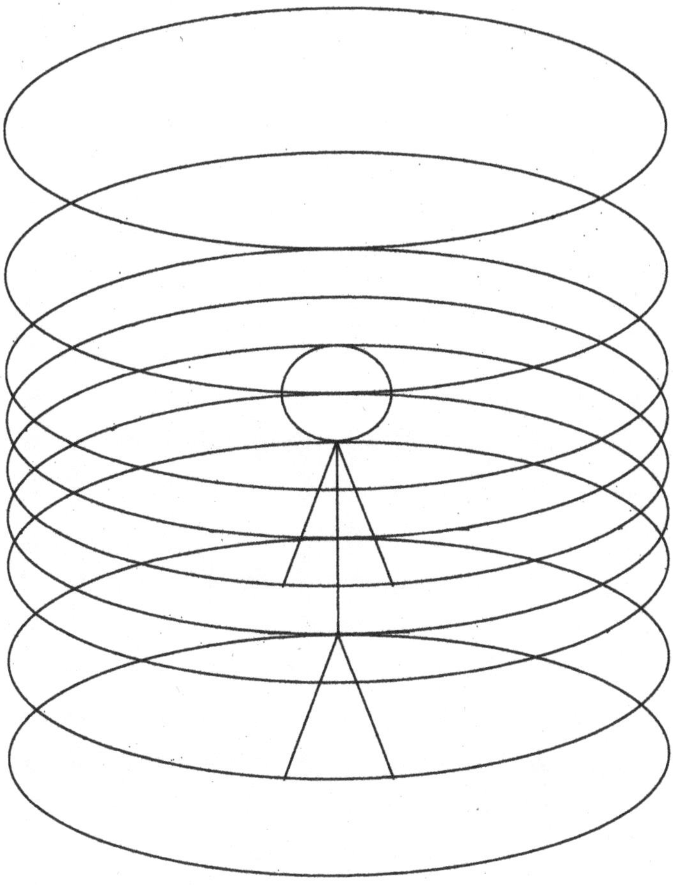

Du wirst die Fähigkeit haben, dich besser an die kosmischen Gesetze und auch an deine kosmischen Familien anzubinden.

Das ist nur der Beginn von dem, was du für deine Entwicklung tun kannst. Der Beginn deines neuen Denkens und Erlebens.

Stelle dir nun vor deiner Brust das silberne Zeichen der Unendlichkeit vor, eine liegende Acht zur Bekräftigung deiner bewussten neuen geometrischen Verbindung mit deiner kosmischen Heimat.

Geometrische Gebilde und Muster sind für euch von primärer Wichtigkeit. Im Universum ist alles auf den Hundertstel Millimeter genau berechnet, und auch euer Körper ist ein Universum und muss genau in dieses System passen.

Mit den hier vorliegenden Texten und der folgenden Anbindung eurer Person an uns werden bei euch noch weitere Signaturen aktiviert.

WENN IHR DARUM BITTET.

Wenn ihr in der Lage und bereit seid für eine neue persönliche Entwicklung.

Es geht um gedankliche lichtvolle Implantate, die euch voranbringen werden. Sie verbinden euch mit den kosmischen Gesetzen, mit dem kosmischen Wissen und mit den lichtvollen kosmischen Familien, von denen ihr abstammt.

Frieden und Licht mit euch!

Das Matrixnetz des Planeten

Euer Planet hat schon viele schwierige Zeiten durchlaufen. Er hat viel Negatives von euch Menschen angesammelt, von dunklen Mächten und von Negativitäten, die durch einige »Errungenschaften« eurer Zeit entstanden sind.

So vorteilhaft eure Errungenschaften oft für euch sind, dienen doch nicht alle allen Gesellschaftsschichten gleichermaßen, und es sind auch nicht alle für eure Mutter Erde geeignet. Wir wertschätzen es, dass ihr euch bemüht, einen besseren Weg zu finden, auf eurem Planeten zu leben, es bequemer zu haben in eurem Leben, aber ihr müsst immer prüfen, ob die betreffende Erfindung oder Entwicklung nicht die Natur und am Ende eigentlich auch euch selbst, die menschliche Zivilisation, belastet.

Indien beispielsweise ist ein Land, das keine Errungenschaften der menschlichen Gesellschaft annimmt und annehmen will, so wenig wie seine nähere Umgebung. Nur in bestimmten Bereichen und Ebenen kann man von einer fortschrittlichen gesellschaftlichen Entwicklung sprechen, der Rest des Landes wird dem tradierten Lauf der Dinge überlassen.

Und wir sind nicht einverstanden mit Armut und damit, wie dunkle Mächte die indische Zivilisation beeinflussen.

Aber wir müssen festhalten, dass Indien durch seine Spiritualität und seine heiligen Orte, die im ganzen Land und in seiner Umgebung annähernd gleich verteilt sind, energetisch alle anderen Orte auf eurem Planeten überstrahlt. Es gibt dort eine unerschöpfliche Anzahl an Energiekanälen und Toren zu anderen Dimensionen, und es ist uns eine große Hilfe und Unterstützung, über diesem Land Kraft für unsere Schiffe zu schöpfen, wenn wir uns bereits über dem Boden eures Planeten bewegen.

Die Energieschwingung Indiens und seiner Umgebung ist so hoch, dass man es mit der Kraft mehrerer Atomkraftwerke auf einmal vergleichen könnte. Und die Spiritualität der indischen und hinduistischen Menschen ist so hoch, dass die Energiekorridore, die das Land durchziehen, mit dieser Kraft angefüllt sind. Diese Korridore reichen weit in die Erde hinein, und die Erde nimmt durch sie diese Kraft auf und füllt sich gleichzeitig mit der Kraft des Universums an.

Die Spiritualität und Energie Indiens haben bisher Bestand – sie sind die stärkste Kraft auf eurem Planeten.

Wir versuchen, aus der Kraft Indiens und der umliegenden Staaten heraus ein Energienetz über euren Planeten zu legen. Wir bemühen uns, dass über dieses Netz so viele spirituelle Informationen und Frequenzen wie möglich in die ganze Welt gelangen. Solche Netze sehen wie Spinnennetze aus, durch sie werden wie über Synapsen in eurem Gehirn Informationen übertragen.

Dieses Netzwerk ähnelt der Matrix der Erde, die wir ständig zu erneuern und zu aktivieren versuchen. Wie gesagt: Die Synapsen in eurem Gehirn sind genauso aufgebaut wie die Matrix eures Planeten.

Alles muss verbunden sein. Alles mit allem.

Die Matrix des Körpers, die Matrix des Gehirns, die Matrix des Planeten, die Matrix des Universums. Erforderlich ist die absolute Übereinstimmung und der Aus- und Abgleich der Matrixnetze und Dimensionen.

Eure Matrix wird erst dann absolut verbunden sein, wenn euer Planet absolut an die universelle Matrix angebunden ist.

Eure Natur braucht daher augenblicklich Hilfe. Die Hilfe jedes Einzelnen. Jeder Einzelne hat den Schlüssel und die Kraft in sich, dem Planeten zu helfen. Ihr habt dieselbe Matrixgrundlage wie euer Planet.

Vor dem Herabkommen auf euren Planeten hat jeder von euch eine bestimmte geometrische Matrixanordnung erhalten. Jeder Planet hat seine eigene Anordnung, und jeder Mensch bekommt vor seiner Inkarnation auf die Erde eine exakte mathematische Matrixgleichung, damit er genau auf diesen Planeten passt.

Die genetische Ausstattung des Menschen – dieses auch *Homo sapiens* genannten Wesens – entspricht genau dem Planeten Erde. Es würde euch nicht gelingen, mit dieser Ausstattung auf anderen Planeten zu verweilen, da ihr nicht in deren Matrix passt. Euer Netz würde sofort zusammenbrechen.

Ihr seid aber Menschen. Ihr lebt auf dem Planeten Erde, und deshalb müsst ihr achtsam mit eurem Körper und mit Mutter Natur umgehen.

Wie solltet ihr wohl gesund sein können und perfekt funktionieren, wenn die Natur und ihre Matrix wegen eurer Erfindungen und Verunreinigungen vollkommen zusammenbricht!

Wir besuchen euch regelmäßig und unterstützen euch. Wir möchten, dass ihr mit uns in die siebte Dimension aufsteigt.

Ihr seid noch einer von wenigen Planeten in unserer Galaxis, der in niedrigen Frequenzen schwingt – und das Vorrücken in höhere, bewusstseinsmäßige und physische Ebenen verläuft mehr als langsam.

Wir müssen ehrlich sagen, dass es einen Grund dafür gibt, euch helfen zu wollen. Wir wollen und werden euch helfen, weil ihr mit eurer langsamen Schwingung andere Planeten, die bereits in höhere Dimensionen aufgestiegen sind, belastet!

Die dort lebenden Zivilisationen müssen ständig die niedrigere Frequenz des Planeten Erde ausgleichen, damit sie sich in ihren höheren Dimensionen halten können.

Versteht ihr, worum es hier eigentlich geht?

Durch eure Unwissenheit beeinflusst ihr nicht nur euch selbst negativ, sondern auch Millionen kosmischer Wesen, die in ihrer höheren Dimension bleiben und sich dort halten möchten. Den meisten menschlichen Wesen ist diese enorme Reichweite ihres Handelns wohl nicht bekannt! Werdet euch dessen bewusst!

Wir appellieren an alle vernünftig denkenden Einzelwesen: Leitet Schritte ein, und wenn sie noch so einfach sind oder euch kindisch vorkommen, und rettet jeden Tag durch eure Taten euren Planeten! *Helft ihm!*

Es geht hier um euch alle und gleichzeitig auch um uns.

Verpestete Luft saugen wir ständig mit Hilfe von Energieglocken ab. Verunreinigte Flüsse und Ozeane reinigen wir ständig mit Hilfe von energetisch transformierenden Hilfsmitteln und übertragen Informationen über die absolute Heilung dieser wunderschönen Wasserstoffverbindung auf euer Wasser.

Ohne Wasser kann man nicht leben. Wasser ist die Grundlage für euren Körper, und wir können nicht mit ansehen, wie ihr fortwährend und ohne Umschweife euer Leben – das Wasser – systematisch vernichtet.

Ohne unsere Hilfe wären die Ozeane schon so weit verunreinigt, dass es dort kein Lebenszeichen mehr geben würde. Die Unterwasserpyramiden, die wir immer wieder aktivieren, laden die Wasserteilchen mit Sauerstoff und anderen energetisch aufgeladenen Stoffen auf, die das Wasser wieder aufleben lassen.

Trotz all dieser unserer Hilfe »gelingt« es euch aber doch immer, die Luft und den größten Teil des Planeten zu zerstören und buchstäblich zu töten.

Beginnt jeder Einzelne bei euch selbst!

Beginnt und hört nicht auf!

Lasst euch nicht entmutigen! *Haltet aus!*

∞

Es geht hier um eine der letzten Hilfeleistungen, die wir versuchen euch anzubieten. Wir bleiben zwar bei euch, wir werden euch unterstützen, aber anfangen müsst ihr alle bei euch selbst, und ihr müsst euch auch auf euch selbst verlassen können.

Doch eine Gruppe entwickelt mehr Kraft und vervielfacht die Frequenz.

Wir bitten euch hiermit und appellieren an gesund denkende Einzelne: Verbindet euch mit uns. Verbindet euch mit unserer Kraft und erschafft zusammen mit uns eine Massenheilung eures wunderschönen Blauen Planeten!

Werdet zu den Vorreitern, Organisatoren und Trägern dieser großen Aktion!

In der Zeit des Internets und mobiler Kontakte ist es für euch kein Problem, so viele eurer menschlichen Kollegen und Mitbewohner eures Planeten wie möglich zu mobilisieren. Ihr könnt eine Massenheilung von Orten und Regionen durchführen, die eure Hilfe wirklich brauchen.

Erwartet keinen Dank. Erwartet Freude im Herzen. Und zwar Freude darüber, dass es eurem Planeten besser gehen wird und am Ende auch euch, euren Kindern, den Nachfahren eurer Kinder.

Eure nächsten Inkarnationen werden freudvoll sein, ihr werdet auf einen geheilten Planeten zurückkehren. Dann könnt ihr euch auf eure Angelegenheiten konzentrieren und darauf, wie ihr freudvoll in höheren Dimensionen verweilt.

Ihr bringt euch, eurem Planeten und seiner Seele Freude.

Jeder von euch hat die Möglichkeit dazu.

Jeder von euch – ohne Ausnahme – *kann helfen!*

∞

Ruft so viele menschliche Wesen wie möglich zusammen und führt eine massenhafte Rettung eures Planeten durch. Macht eine bestimmte Uhrzeit aus und ruft uns gedanklich herbei. Schon dadurch, dass ihr anfangt, eine Aktion und die Absicht bezüglich der Rettung und Hilfe eurer Erde zu entwickeln, sind wir bei euch. Unsere »Schwingungszellen« erfassen alles, und damit binden wir uns an euch an.

Ihr braucht keine Angst zu haben. Wir sind bei euch, übrigens mehr, als ihr denkt!

Legt eine bestimmte Uhrzeit fest und findet euch alle gemeinsam in Gedanken zusammen. Es ist egal, ob ihr physisch anwesend seid oder nur in euren Gedanken.

Es müssen sich so viele wie möglich von euch verbinden.

Jeder von euch, der an uns angebunden ist, sitzt oder steht fest auf dem Boden. Jeder Punkt, auf dem ihr sitzt oder steht, ist euer Matrixstandort.

Ziel ist es, so viele Netze – Bänder – wie möglich zwischen euch zu knüpfen. Gedanklich so viele Matrixstandorte wie möglich aufzustellen und zu aktivieren. Diese Standorte werden weitere Netze in eure Umgebung ausstrahlen, die dann wachsen und sich um euch herum ausbreiten.

Eure Vorstellung wird zur Realität. Viele von euch glauben es noch nicht, aber ihr seid Wesen, die ihre Vorstellungen realisieren und materialisieren können. Dadurch, dass wir euch eure erste Signatur in Form eines Kreises übergeben haben, ist euer Geist zur ersten Materialisation fähig!

Das müsst ihr euch bewusst machen, und ihr müsst es zu 100 Prozent glauben!

Übung

Gedankliche Verbindung mit anderen zur Erzeugung eines Energienetzes

Verbinde dich in Gedanken mit den anderen Personen, mit denen du gerade die Rettung des Planeten angehst. Es macht nichts, wenn du nicht alle Personen kennst oder nicht ihre Anzahl weißt. Deine Seele führt dich zu den anderen menschlichen Seelen und verbindet dich.

Sprich dein Vorhaben aus:

»Ich verbinde mich mit der Kraft meiner menschlichen Kollegen, die gerade in diesem Augenblick die positive Absicht haben, unserem Planeten zu helfen.

Ich erzeuge hiermit ein neues Energienetz. Mein Standort ist ein Punkt, von dem aus neue und neue geometrische Netzwerke entstehen, die sich untereinander verknüpfen. Unsere Erde erhält so Unterstützung und Kraft.

Ich erzeuge eine Matrix für meine Erde.

Meine Gedanken sind materialisiert. Mein Netz bindet sich an die Kraft des heiligen Indiens und seiner Energiekorridore an.

Ja, meine Gedanken sind materialisiert.

Das Matrixnetz zwischen meinen menschlichen Kollegen ist verbunden, es ist mit der Kraft Indiens verbunden, es wächst immer weiter und strahlt golden. Das Netz breitet sich auf die anderen Kontinente aus. Die plejadische Zivilisation hört meine positive Absicht und materialisiert zusammen mit mir meine Bitte.

Hiermit heile ich kraft meiner positiven Frequenz und der Frequenz meiner menschlichen Kollegen den Planeten Erde und aktiviere seine Matrix.

Die Matrix unseres Planeten passt absolut in die Matrix des Universums.

Danke!«

Die Seele deines Planeten ist dir unbeschreiblich dankbar für deine Hilfe und die Aktivierung und Energetisierung seiner Matrix. Sie arbeitet mit dir zusammen.

Je mehr ihr sein werdet und je öfter ihr in der Gruppe (oder auch alleine) diese rettende Übung durchführt, desto mehr Energie und Resistenz gegenüber negativen und dunklen Mächten wird die Matrix des Planeten aufnehmen.

Wir danken dir für deine Hilfe!

Partnerschaft, angeborene Selbstliebe und das Aufgeben des Egos

Euer wundervoller Planet verdient den besten Umgang, und euch wird sicher langsam bewusst, welche Tragweite es haben wird, falls ihr euch nicht nach den Regeln der Natur und des Universums verhaltet.

Euer Körper sollte eine gleiche oder zumindest annähernd ähnliche Schwingung aufweisen, und er sollte eine ähnliche oder gleiche elektromagnetische Schwingung aufweisen.

Größtenteils ist euch, den positiv denkenden Menschen, dies gelungen. Ihr reinigt alle Blockaden, karmische Belastungen, alle Negativitäten, die sich in eurem Körper und eurer Seele festgesetzt haben. Ihr versteht, dass diese dunklen Stellen im Körper und in der Aura weitere dunkle Stellen aus eurer Umgebung anziehen und ihr aus diesem Grund weder lichtvoll schwingen noch leben könnt.

Das Licht ist euer machtvollstes Instrument, mit dem ihr Körper und Seele vollkommen heilen könnt. *Licht!*

Was könnt ihr euch darunter vorstellen? Stellt es euch so vor, dass alles, absolut alles, sich aus Licht zusammensetzt, lichtvoll schwingt, das bedeutet, sich bewegt. Absolut alles. Eure Gedanken, eure Materie, alle Gegenstände um euch herum, die Luft, die Erde, das ganze Universum.

Licht und die Arbeit damit stellen eure Grundlage und eine unumgängliche Aufgabe für euch dar.

Viele eurer menschlichen irdischen Mitbewohner haben das noch nicht begriffen! Was für ein Jammer, und welch eine Wirkung das auf euch alle hat.

∞

Eine weitere Aufgabe, die wir für euren Planeten erfüllen, ist das Übertragen von lichtvollen Informationen und von Lichtschwingungen. Wie wir das machen?

Täglich, mehrmals täglich bestrahlen wir euren wundervollen Planeten mit Transformationswellen, die die lichtvolle Intensität der zentralen göttlichen Sonne und des Wissens enthalten und weitergeben!

Es ist ein wunderschönes Licht von rosa-goldener Farbe und hat die Aufgabe, das Herz derjenigen Menschen zu erweichen, die den Weg zu sich selbst nicht finden können und auch nicht den Weg hinaus aus ihrer persönlichen Gefangenschaft. Diese Gefangenschaft nimmt ihnen die Möglichkeit, in Harmonie mit der universellen Intelligenz zu kommen, und sie nimmt ihnen die Möglichkeit der Selbstbesserung, des Mitgefühls und sich aus ganzem Herzen anderen Personen zu öffnen.

Dieses herrliche rosa-goldene Licht der zentralen Intelligenz des göttlichen Bewusstseins öffnet allen das Herz und heilt eure Körper. Ohne diese Unterstützung hättet ihr den Übergang in die neuen Bewusstseinsdimensionen nach dem Jahr 2012 nur schwerlich ausgehalten.

Die Transformation negativer Belastungen verläuft bei manchen Einzelwesen so schnell, dass ihr unsere Hilfe braucht. Besonders diejenigen, die sich entschieden haben, sich definitiv zu reinigen und die Belastungen vergangener Zeiten abzuwerfen, werden täglich von uns unterstützt. Manchmal geschieht diese Reinigung auf eine sehr intensive Weise, so dass ihr das Gefühl habt, dass aus eurem Körper und Geist eine unglaubliche Anzahl dunkler Komponenten austritt, und ihr denkt, dass sich euer Leben in jeder Hinsicht rasant verändert.

Lasst euch nicht entmutigen. Gerade für Einzelgänger, wie ihr es seid, und für die, die dieses Buch lesen, senden und strahlen wir eine starke Frequenz des zentralen Lichts aus, damit eure Belastungen schneller transformiert werden und ihr mit der Zeit in euer Gleichgewicht kommt.

Ihr, die Lichthelfer und lichtvollen Menschen, die ihr das Wesentliche eures Handelns auf der irdischen Welt versteht, erhaltet von uns große Unterstützung. Und wir sind voller Bewunderung für euch. Ihr seid die Pioniere und Vorreiter der neuen lichtvollen Zeit!

Wir verstehen euch gut und wissen (schließlich sind wir durch eine ähnliche Ära wie eure Menschheit gegangen), wie schmerzhaft manchmal die Transformationen dunkler Belastungen in die Lichtform sein können. Wir wissen, was für schmerzhaften Erlebnissen sich die menschliche Seele manchmal unterziehen muss, um wieder vermehrt strahlen und unabhängig sein zu können. Wir wissen, wie viele Schicksale der menschlichen Gesellschaft bereinigt und berichtigt werden müssen.

Wir wissen auch, wie viel Schmerzen, Ernüchterungen, Durcheinander und Neuorientierungen ihr in eurem Leben erlebt, wenn ihr euch entschieden habt, zu eurem Inneren zurückzukehren, zu eurer ursprünglichen Essenz zurückzukehren und nur aus der Kraft des Herzens und eurer Seele zu handeln.

Die Erfahrung von Schmerz gehört zu eurer evolutionären Entwicklung der Spiritualität. Die jetzige Spiritualität kann man nicht mit der Spiritualität vergangener Zeiten vergleichen. Im Grunde konnte früher von Spiritualität bei euch Menschen auf dem Planeten Erde überhaupt keine Rede sein.

Deshalb versteht, dass ihr nach der Reinigung eurer Blockaden, Belastungen und aller dunklen Stellen helle, gereinigte, strahlende Komponenten anziehen werdet!

Es wird so sein, als würdet ihr euch in einer anderen Welt bewegen.

Dunkle Menschen und dunkle Gedanken werden keine Chance mehr haben. Euer Bewusstsein und euer ganzes Wesen werden es nicht mehr zulassen, wegen belastenden Menschen und Situationen Zeit zu verlieren.

Glaubt uns, wir wissen, wie unangenehm die Erkenntnis für euch ist, dass viele Menschen, Partner, Freunde und allgemein die menschliche Kommunikation sich aufteilen. Ihr werdet in einer anderen Welt leben als zuvor!

Eure künftige Partnerschaft – oder vielleicht ist es schon jetzt so – wird einer Form der Zusammengehörigkeit ähneln. Die Schwingungen eines anderen Menschen, der euch mit seiner niedrigen Frequenz belastet, hält eure Seele nicht mehr aus. Gleiche oder sehr ähnliche Frequenzen werden sich anziehen, andernfalls wird euch die Partnerschaft oder das Zusammenleben viele psychische und physische Kräfte kosten.

Wir wissen, dass die Feststellung, dass die auseinandergehende Beziehung mit eurem Partner, mit dem ihr euch früher gut verstanden habt, enttäuschend ist. Aber nun lässt euch eure Seele euch selbst und euren Partner aus *jeder* Perspektive sehen.

Handelt aus der Kraft des Herzens und der Seele, sonst wird euch eine schlecht funktionierende Partnerschaft viele Kräfte kosten. Es ist eine natürliche Entwicklung. Die Komponenten der Seele, die ein ähnliches oder gleiches Energiefeld haben, werden sich anziehen. Im gegenteiligen Fall werden sie sich abstoßen und trennen.

Ziel ist es aber für euch, nicht von anderen Menschen abhängig zu sein. Öffnet euch mit der Kraft des Herzens und zeigt, was ihr fühlt, doch seid niemals abhängig, bleibt in eurer Mitte. Ihr seid Einzelne, die lieben können und dennoch gleichzeitig sich selbst lieben. Eine gesunde Selbstliebe besitzt große Kraft und bringt auch bei der Hilfe und Unterstützung anderer die besten Ergebnisse.

Nur der, der sich selbst wertschätzt, kann sein Gegenüber wertschätzen und ihm oder ihr auf natürliche Weise helfen. Nur der, der sich seiner selbst sicher ist, trägt keine Zweifel in sich, die andere Einzelwesen belasten. Nur der, der mit sich selbst und seinem reinen Herzen zufrieden ist, kann den anderen wirklich verstehen!

Eure ständigen Zweifel und der Gedanke, die andere Person besitzen zu müssen und sie doch nicht zu besitzen, machen euch krank – und die anderen ebenfalls. Ihr erzeugt damit wieder eine karmische Belastung.

Und deshalb: Bleibt ihr selbst und bleibt in eurem Herzen.

Ihr müsst erst lernen, wie ihr auf euch selbst eingehen und mit euch selbst glücklich sein könnt. Ihr müsst euer Inneres finden und dürft euch nicht mehr selbst Schmerzen zufügen. Wenn euer Herz 100-prozentig gereinigt ist, habt ihr eine absolute Verbindung und Anbindung an alles andere.

Dann seid ihr niemals allein! Versteht ihr diese Botschaft?

Mit einem unreinen Herzen verschließt ihr euch den Weg zu euch selbst und den Weg zu anderen und den Weg zur Verbundenheit mit dem Universum.

Reinigt euer Ego!

Legt es ab!

Euer Ego ist nicht *euer* Ego!

Euer Ego gehört jemand ganz anderem, es ist lediglich eine Anbindung an die Gedanken und Muster eurer unreinen Gesellschaft.

Euer Ego ist *nicht* euer Ego! Das seid nicht *ihr!*

Werdet euch dessen bewusst!

Es sind nur in eurem Leben angesammelte Erfahrungen und Informationen. Und Negatives hält sich in Form des Egos besonders gut, denn ihr habt es zugelassen und sammelt sogar noch mehr und mehr Nahrung für das Ego an.

In jeder eurer Inkarnationen habt ihr Erlebnisse gehabt, und sie haben sich euch mehr und mehr eingebrannt. Euer Gedächtnis gibt sie ständig an eure Zellen weiter, die in vollkommener Harmonie mit eurer Seele sind.

Und eure Seele und euer Geist denken, dass das Ego, eure unangenehme innere Stimme, IHR seid! So ist es aber nicht!

Ihr seid reine göttliche Essenz und Gott selbst. Eure ursprüngliche Essenz muss erneut aus den Tiefen eures Bewusstseins, aus den Tiefen eures Egos angehoben werden. Ihr habt sie abgelegt, verloren und vor dem Licht verborgen.

Jetzt will eure Essenz, eure ursprüngliche Essenz – die göttliche Energie – ans Licht. Sie will sich zeigen und sich den Weg an die Oberfläche »freikämpfen«. Sie will sich nicht mehr durch das Ego unterdrücken lassen, sich nicht ewig hinter ihm verstecken.

Deshalb erlebt ihr diese inneren Vorgänge. Ihr tut in dieser Zeit Dinge, die für euch früher undenkbar gewesen wären, ihr handelt nicht aus eurer Vernunft heraus, sondern aus dem Herzen. Eure Essenz erwacht langsam, sie bekommt rosa-goldfarbenes glitzerndes Licht, und das macht sie schön und stark.

Deshalb löst Beziehungen, Partnerschaften und Bindungen auf, die für euch früher eine Sicherheit dargestellt haben, vielleicht auch finanziell. Darum geht es jetzt nicht mehr. Es geht um euch, um euer Herz und um eure Essenz.

Es geht um eure Zukunft und um wunderschöne neue Erfahrungen!

Geht mit der Kraft des Herzens.

Lasst bewusst dieses herrliche Licht euch durchdringen. Bittet uns um Hilfe und habt keine Angst, eurer Essenz dieses betörende Licht zu zeigen.

Ihr seid ein göttliches Wesen, jeder Einzelne von euch, und jeder trägt dieses Licht in sich!

Übung

Ablegen des Egos und Reinigung des Körpers

Erwarte nicht, dass sich nach der ersten Durchführung dieses bewussten Ablegens dein Ego nicht mehr melden wird. Du musst wirklich an dir arbeiten. Mache diese Übung deshalb zunächst 33 Mal. Darin besteht die Kraft, und dann lass alles auf dich wirken und dich nicht durch die Gesellschaft, die um dich herum lebt und auf dich einzuwirken versucht, entmutigen.

Wir, die plejadische Gemeinschaft, werden dich in jedem Fall unterstützen. Eigentlich unterstützen wir dich jeden Tag, denn wir sind mit der »Schwingungszelle« an dich angebunden.

Setze dich aufrecht hin und stelle dir vor, dass du in einem geschlossenen Kreis sitzt. Oder zeichne den Kreis um dich herum auf. Halte deine Wirbelsäule gerade und fähig, unsere und die göttlichen Signale aufzunehmen. Während dieser Übung wird durch deine Wirbelsäule eine reinigende Energie laufen, die jegliche Negativitäten, die du angesammelt hast, durchleuchtet und transformiert.

Konzentriere dich auf dein Herz und auf deinen Atem. Verbinde dich durch deine Absicht mit dem Bewusstsein deiner Zellen. Setze dir das klare Ziel, dein Ego, das nicht zu dir gehört, abzulegen.

Sprich:

»Ich entledige mich bewusst und für immer des Egos, das sich in mir festgesetzt hat. Ich bin vollkommen mit meiner göttlichen Essenz verbunden, und sie ist mein Wesen. Ich lege alles Negative, das ich jemals angesammelt habe, ab. Mein Herz, meine Seele, mein Bewusstsein, meine Aura sind frei von allen Belastungen.

Ich fordere Unterstützung und bitte meine Lichthelfer um Hilfe. Durchleuchtet und verbindet mich vollkommen mit der göttlichen universellen Intelligenz und ihrer Frequenz. Ich bin ein Teil von ihr. Ich bin absolut verbunden. Danke.«

Atme tief und lass uns auf dich einwirken. Wir reinigen deinen ganzen Körper, den physischen und ätherischen, wir verankern eine neue Signatur in deinem Körper und erzeugen über deinem Kopf eine Lichtpyramide, damit du die Informationen der Lichtwelt besser aufnehmen kannst. Wir reinigen dein Zellbewusstsein, wir reinigen jede deiner Zellen einzeln. Wir arbeiten mit deiner Materie. Lass uns ein paar Minuten arbeiten.

Sprich laut: »33851651« – und lass gedanklich eine lichtvolle liegende Acht, das Zeichen der Unendlichkeit, zur Bestärkung dieser Übung vor deiner Brust entstehen.

Wir danken dir für deinen Fleiß und deine Bereitschaft, dich selbst und damit auch andere zu ändern!

Raumzeiten und Dimensionen

Liebe Lichtboten!

Ihr seht, wie viel ihr an euch arbeiten müsst, damit ihr euch wirklich reinigt. Ihr seht, wie viel Arbeit und Mühe ihr jetzt habt, um die negativen Angelegenheiten, die ihr selbst und eure vergangenen Generationen verursacht haben, wiedergutzumachen.

Wir verstehen sehr wohl, dass das für euch manchmal schwer und langwierig ist. Wenn ihr aber auf diesem Weg durchhaltet, werdet ihr euch glücklich fühlen, und es wird sich in eurem Herzen wieder die Flamme des göttlichen Wissens ausbreiten.

Wie viel Gewalt, wie viele Katastrophen, wie viele Tragödien und wie viel Schlechtes trägt eure menschliche Zivilisation in sich. Es genügt, eure nächsten Nachbarn oder Bekannten zu beobachten, und schon könnt ihr bestätigen, was wir meinen. Nur selten geschieht es, dass ein Mensch nicht unter dem Schicksal eines anderen leidet.

∞

Wir, die plejadische Gemeinschaft, haben ebenfalls Zustände der Schwere und der Sorgen um die Zukunft erlebt. Unsere Sorgen haben sich zum Teil gegenseitig verstärkt und aufgeschaukelt, aber zu unserer Freude haben wir auf unserem schwierigen Weg zur Erleuchtung begriffen, dass wir uns am Rande des Abgrunds bewegen. Eines gemeinschaftlichen sowie interplanetarischen Abgrunds.

Das ist wortwörtlich gemeint. Ein Abgrund. Ein Abgrund in die tiefsten Dimensionen und in das dunkelste Denken unserer Bewohner. Gott sei Dank haben wir uns im letzten Moment eines Besseren besonnen und einer völligen und komplexen Verbesserung unserer Bewusstseinsentwicklung unterzogen.

Das hat bedeutet: Jeder Einzelne musste sich einer umfassenden seelischen und körperlichen Reinigung unterziehen. Das ist uns nur mit Hilfe der Engel und der göttlichen Intelligenz gelungen. Sie haben uns nicht in diesen Abgrund stürzen lassen. Wir standen aber dicht davor. Deshalb haben wir, nachdem sich jeder Einzelne gereinigt hatte, gesamtplanetarische Meditationen und gesamtplanetarische Reinigungsübungen abgehalten und uns ständig an die Energie der Zentralsonne und des Zentralwissens angebunden. Das hat uns Erleichterung und Kraft geschenkt.

Auch bei uns hat es mit einer kleinen Anzahl Personen begonnen, aber sie waren Vorreiter und Begründer neuer Systeme energetischen Denkens. Diesen Personen unter unseren Vorfahren sind wir unbeschreiblich dankbar dafür, dass sie geholfen haben, das Licht der Hoffnung in uns allen zu entfachen, und dass sie uns im Laufe der Zeit endlich auch zur siebten Dimension verholfen haben.

Ihr, die Mitglieder der irdischen Zivilisation, die ihr gerade diese Zeilen lest, seid genau diejenigen, die auf eurer Welt den Anfang machen. Ihr steht gerade am Beginn eurer Hilfe, aus einer Zeit der Dunkelheit in die Zeit der lichtvollen Zukunft zu wechseln. Ihr seid es, ohne die eure Bevölkerung bald nicht mehr auskommen wird und ohne die sie sich, wie wir einst, am Rande des Abgrunds befinden würde.

Das muss euch bitte bewusst sein, und daran muss sich jeder täglich erinnern!

Ohne euch würde sich an eurer Bewusstseinsebene nichts ändern. Ohne euch geht es nicht – und je mehr ihr seid, desto schneller werdet ihr sowie eure Seele, eure Bewohner des Planeten Erde und dessen Seele Gaia in die Dimension der universellen bedingungslosen Liebe und Intelligenz aufsteigen.

Vielleicht ist euch nicht ganz klar, was das alles für euch bedeuten wird. Wir können euch aber jetzt schon verraten, dass ihr Glück im Herzen und in der Seele erleben werdet, wie ihr es euch nie erträumt hättet.

Wir wiederholen: Denkt an eure Kinder und an die Kinder eurer Kinder und auch an die Kinder dieser Kinder ... an eure Nachfolger, die euer Blut und eure genetische Information in sich weitertragen werden. Das ist eines der wichtigsten Anzeichen für Denken auf einer höheren Ebene: an die zukünftigen Kinder zu denken. Nicht »nach mir die Sintflut«, sondern dieses Denken umzukehren und an die Zukunft euren Blutes und eures Planeten zu denken.

Aber wie wir schon gesagt haben, geht es letztlich immer um euch: In vielen Fällen inkarniert ihr wieder auf diesem Planeten, und ihr wollt nicht auf ihn zurückkehren, wenn die Natur zerstört ist und die menschlichen Wesen krank sind an der Seele und am Körper.

Ihr seht also, es hängt alles mit allem zusammen, und die »zeitliche Verschiebung«, von der im Folgenden die Rede sein wird, ist eine eurer Aufgaben: Ihr dürft sie nicht unterschätzen. Im Grunde geht es immer nur um *euch*.

∞

Was meinen wir mit »zeitliche Verschiebung«? Wir meinen damit die Inkarnation eurer Seele in die Zukunft und in unterschiedliche Zeitdimensionen.

Ihr müsst euch das so vorstellen, dass eure Seele in der Lage ist, mehrere Personen – menschliche Wesen – auf einmal zu bewohnen. Sie kann mehrfach durchkommen, und ihr könnt dann das Gefühl haben, an mehreren Orten gleichzeitig zu existieren. Dies müsst ihr vollkommen begreifen: Eure Seele ist multidimensional und bewegt sich in mehreren zeitlichen und dimensionalen Räumen zugleich.

Diese Zeiten und Dimensionen liegen »parallel« zueinander. Sie funktionieren und existieren gleichzeitig und sind dennoch um einen bestimmten zeitlichen und räumlichen Abschnitt verschoben. Auch die Seele, die gerade in eurem Körper angesiedelt ist, befindet sich noch in mehreren anderen Dimensionen und erlebt verschiedene Leben und Situationen.

Wir wissen, dass ihr das nicht ohne Weiteres verstehen könnt, aber ihr sollt erfahren, dass euch das die Möglichkeit bietet, euch gleichzeitig in anderen Räumen zu reinigen, wenn ihr euch jetzt und in diesem Raum reinigt.

Euer menschliches Gehirn nutzt nur etwa fünf Prozent seiner Kapazitäten. Das ist von der Natur absichtlich so gemacht, damit ihr all die Dimensionen, die anderen Wesen um euch herum und die Räume eurer Lebensschicksale nicht wahrnehmen könnt. Andernfalls wärt ihr einer chaotischen Wahrnehmung dieser multidimensionalen Erfahrungen um euch herum ausgeliefert.

In diesen Dimensionen, die ihr weder sehen noch wahrnehmen könnt, sind sogar Seelen wahrnehmbar, die bereits ins Licht aufgestiegen sind – oder auch wir, die Wesen in der siebten Dimension.

Dort befindet sich zudem die nützlichste Lösung eurer Lebenslinie.

Eine Dimension beeinflusst die andere, die Reinheit eurer Seele beeinflusst die Seelen eures Ichs in anderen Dimensionen. Alles geht ineinander über und ist verbunden, die Lebenslinien und Lebenssituationen, die eure Seele heute und tagtäglich erlebt, ereignet sich auch dort, lediglich in unterschiedlichen Parametern verschoben.

Aber was ist eigentlich der Sinn dieser Verstrickungen?

Die zeitlich und räumlich zu euch verschobenen Dimensionen bilden ein komplexes Ganzes eurer Seele und eures Seins. Es sind »Zwischenräume«, in denen ihr Entscheidungen trefft, die darüber befinden, welchen Weg ihr einschlagt.

Letztlich müsst ihr am Ende eures Handelns in allen Dimensionen zur Erleuchtung und zum Gefühl der bedingungslosen Liebe gelangen.

Euch in allen Dimensionen mit der göttlichen Intelligenz verbinden.

∞

Stellt euch einen Strand vor, auf dem ein Junge im Sand spielt. Gleich darauf ist seine Situation anders, sie verändert sich in jedem Augenblick. Dieser Junge durchläuft die Schule des Lebens, und manchmal erscheint ihm alles so kompliziert. Er entscheidet sich, den leichtesten Weg zu gehen. Er findet heraus, dass ihn Alkohol und Drogen in einen Zustand von Leichtigkeit versetzen, in dem er nicht über den Sinn des Lebens nachdenken muss. Er vergiftet damit Geist und Seele und vergisst alles.

Hätte er sich aber auf einen anderen Weg begeben, auf einen Weg der Liebe und Vernunft, hätte er sich vielleicht auf einer gut bezahlten Arbeitsstelle wiedergefunden, die ihm Spaß macht. Er hätte eine Familie gegründet, in der seine Liebe sich entfalten kann und unterstützt wird, und damit ein völlig anderes Schicksal gehabt.

Das ist nur ein Beispiel, doch das sind die Dimensionen, die wir als »potenzielle Linien« sehen – bestimmte Punkte, von denen Verzweigungen ausgehen, Punkte, die euer Schicksal in bestimmte Wege unterteilen. Das sind die Dimensionen, die wir sehen und die wir zeitliche Verschiebung einzelner Leben nennen.

Diejenige Dimension, in der ihr euch gerade jetzt befindet, ist euer Hauptweg, und er entscheidet darüber, ob eure übrigen zeitlichen »Zwischenräume« ebenfalls harmonisch durchlebt und beendet werden.

Es gleicht einer Matrix, in der alles ineinander passen muss. Nirgends darf etwas überstehen. Sie muss absolut vollkommen und ausgeformt sein. Eure Lebenslinien müssen ineinander passen.

Fangt deshalb an, jetzt und in diesem Raum an euch zu arbeiten.

∞

Wir wollen mit diesem Beispiel nicht die Komplexität und das Verständis für das kosmische Denken vertiefen. Wir wollen damit nur ANDEUTEN, dass der menschliche Verstand bisher nicht einmal ein Prozent des Gesamtgeschehens um euch herum wahrnehmen kann.

Wir wollen andeuten, dass das menschliche Denken bis jetzt durch bestimmte Schranken sehr begrenzt ist. Aber verzagt nicht. Diese Grenzen könnt ihr durch eure Entwicklung durchbrechen.

Jetzt seht ihr und beginnt möglicherweise zu verstehen, wie wichtig es ist, die ganze Situation der Welt, in der ihr lebt, zu begreifen. Die Situation der Welt und die Situation der Zusammengehörigkeit. Wie wichtig es ist, an sich zu arbeiten und das gewonnene Wissen zu verbreiten.

Die Worte, die ihr vielleicht nicht so gut verstanden und über die ihr nachzudenken habt, sind nur ein Beispiel dafür, wie bunt und weit die Welt um euch herum ist. Wie eine Sache die andere beeinflusst. Wie wichtig es ist, den Sinn einer Sache und des Geschehens in eurem Leben zu verstehen.

Anmerkung des Mediums

Auch für mich, einen irdischen Menschen, sind diese Zeilen schwer zu erfassen. Ich habe genau das aufgezeichnet, was mir der Lichtrat der plejadischen Zivilisation diktiert hat. Das zwingt mich zum Nachdenken, und ich begreife, dass unser menschliches Denken zum Teil sehr durch beschränkte Möglichkeiten begrenzt ist. Jeder Satz birgt einen tieferen Sinn, mit jedem Satz können wir in unserer Fantasie kraft unserer Gedanken und Vorstellungen spielen.

Die Plejader wollen uns Informationen geben, damit wir ganz und vollkommen unser Sein und unser Handeln auf dem Planeten Erde verstehen. Sie bemühen sich um unsere absolute Reinigung auf allen Ebenen unseres Seins und um unser Begreifen der Systeme, die sich genau in uns oder in unserer unmittelbaren Nähe befinden.

Wie die Plejader durch Zeit und Raum reisen

Die Definition von Zeit und Raum ist für menschliche Wesen manchmal schwer zu verstehen. Ihr richtet euch nach eurer irdischen Zeit, ihr richtet euch nach euren Uhren und Geräten und lasst die Zeit hinter euch verstreichen und wartet, was in der Zukunft passieren wird oder was ihr planen könnt.

Ihr richtet euch vor allem danach, was ihr erlebt habt, ihr lasst die menschlichen Wesen in dem Gedanken leben, dass ihr einmal Erlebtes nicht mehr zurücknehmen könnt und es nicht möglich ist, einige Taten wiedergutzumachen. Ihr habt alles im Gehirn gespeichert, nicht wahr?

Eure Erinnerungen und Gedanken beschäftigen sich manchmal so sehr mit der Vergangenheit, als wäre sie bare Münze. Ihr nehmt diese bare Münze für gültig, und von dieser Meinung weicht ihr niemals ab.

Die Raumzeit und ihre Dimensionen sind weitaus komplizierter, als ihr denkt. Wenn ihr sie aber mit den Augen eines Wesens aus der siebten Dimension betrachtet, dann ist von Komplikationen überhaupt keine Rede. Im Gegenteil. Die Rede ist von Einfachheit.

Für euch menschliche Wesen sieht es anders aus. Euch fällt es sehr schwer, ein Verständnis von zeitlich-räumlichen Dimensionen zu entwickeln.

Ihr nehmt, wie wir schon angemerkt haben, Vergangenheit, Gegenwart und Zukunft als getrennt wahr.

Die Zukunft erschafft ihr euch selbst, mit euren Vorstellungen, denn diese Vorstellungen werden realisiert. Es sind Vorstellungen in Form von Bildern, die sich vor eurem inneren Auge abspielen. Manchmal sind sie negativ, manchmal positiv, wodurch ihr euch eine entsprechende Zukunft erschafft. Ihr kopiert sie immer ziemlich genau, aber unbewusst in euer Matrixmuster, und das kopiert sie wiederum in eine bestimmte Zeit – in die Zeit, an die ihr denkt, in eure zeitlich-räumliche Realität.

Wenn es sich um positive Vorstellungen handelt, ist das absolut in Ordnung, handelt es sich jedoch um negative Vorstellungen, kopiert ihr auch diese in eure Raumdimension, und dieses Negative zieht viele weitere, größere Negativitäten an, und dann wird eure Sorge und Vorstellung nicht nur wahr, sondern verstärkt sich gleichzeitig noch, da sie sich am Energiefeld der Negativitäten aufgeladen hat.

So funktionieren eure Vorstellungskraft und ihre Materialisation. Ihr müsst euch bewusst machen, dass ihr Meister der Visualisierung seid. Das menschliche Wesen hat dieses realisierende Denken in die Wiege gelegt bekommen, und ihr müsst aufpassen, welche Vorstellungen ihr realisieren wollt.

Allgemein beschäftigt ihr euch zu sehr mit der Vergangenheit und zu sehr mit der Gegenwart. Die Zukunft wäre strahlend, wenn ihr es nur wolltet und Bilder projizieren würdet, die euch gefallen.

Wir, die plejadische Zivilisation, befassen uns, ebenso wie andere kosmische Familien, vor allem mit der aktuellen Zeit, dem immerwährenden Jetzt. Daran arbeiten wir. Wir genießen in vollen Zügen unsere Gegenwart. Das, was wir erlebt haben, lassen wir in Dankbarkeit hinter uns, und erwarten von der Zukunft nur das Beste. Die Gegenwart, jetzt, dieser Augenblick, ist das, was gerade zählt.

∞

Die Gegenwart kann auch hervorragend für Reisen in verschiedene Zeitdimensionen und Räume genutzt werden. Immerhin sind wir in der Lage, durch unsere Gedanken unseren Körper in Teilchen zu zerlegen, um so in die Bereiche und Zeiträume zu gelangen, in die wir gelangen wollen. Ihr nennt das teleportieren.

Macht euch nur einmal bewusst, dass der Planet Erde von unseren Planeten etwa 443 Lichtjahre entfernt ist. Wenn wir wie ihr Menschen denken würden, könnte es also gar nicht zu einer Begegnung kommen. Wir würden niemals zu euch gelangen. Wir könnten die Entfernung nicht mit irgendwelchen Kraftstoffen oder mit bestimmten, zum Fliegen bestimmten Hilfsmitteln überwinden.

Dafür nutzen wir die Zeitdimensionen und Dimensionen des Zwischenraums. Diese zwei Faktoren gehören zu den wichtigsten für die Reisen zu euch und für das Reisen zu anderen Galaxien.

Wir bemühen uns, mit der zeitlichen Teilung bestimmter dimensionaler Komponenten zu arbeiten. Zwischenräume sind die Tore zu anderen Zeiten und Dimensionen. Euer Planet ist zeitlich um einige Minuten in die Vergangenheit verschoben. Wir leben nach eurem Zeitverständnis um einige Minuten früher als ihr.

Zwischen diesen zeitlichen Räumen werden magnetische Wirbel erzeugt, über die wir uns wunderbar und ohne irgendwelche Befürchtungen bewegen können. Unsere Körper, Lichtkörper, werden nicht durch physikalische Faktoren beeinflusst. Wir teleportieren uns mit ganzen Schiffen und jeglicher Ausrüstung, weil sich ja, wie ihr bereits wisst, alles aus Licht zusammensetzt und sich alles bewegt. Also bewegen sich auch alle Teilchen in unseren Körpern und alle Teilchen in unseren Flugvorrichtungen.

Wir sind absolut mit der Lichtenergie verbunden, und dadurch können wir uns mit Lichtgeschwindigkeit bewegen!

Auf euren Planeten gelangen wir mit Hilfe von Magnettunneln innerhalb von wenigen Minuten. Wenige Minuten natürlich für eure menschliche Vorstellung. Für uns geht es sogar noch ein bisschen schneller.

Diese Magnettunnel, welche die Zwischenräume verbinden, sind Tore zu euren Welten, Tore zu anderen Dimensionen und Tore in die Zukunft wie auch in die Vergangenheit. Zeit ist nur eine physikalische Größe, aber ebenso greifbar und leicht manipulierbar. Wenn wir bestimmte negative Dinge in der Zukunft verhindern wollen, können wir uns einfach in die Zukunft aufmachen.

Auf diese Weise haben wir schon mehrmals euren Planeten vor verschiedenen Katastrophen bewahrt, etwa vor einem Zusammenstoß mit einem Meteoriten oder den unterschiedlichsten interstellaren Objekten, die sich im Universum mit Hilfe der kosmischen Gravitation bewegen und ständig im Bereich besiedelter Planeten auftauchen und dort rotieren.

Für uns ist also physikalisch genau berechenbar, was in der Zukunft geschehen könnte. Wir verbiegen diese Zeitlinie sozusagen, neutralisieren sie und programmieren sie neu. Das alles können wir deshalb, weil unser Denken bereits so rein ist, dass wir absolut mit den reinsten kosmischen Gesetzen verbunden sind, und dadurch existieren für uns in unserem Denken keine Grenzen. *Keine!*

Wir haben aber genaue Regeln, durch den göttlichen Lichtrat ausgesprochen, in welche Angelegenheiten wir eingreifen dürfen und in welche nicht. Die Entwicklung der Menschheit mussten und müssen wir auch jetzt noch – bis auf bestimmte Arten der Hilfestellung – in dieser Zeit bis zu einem gewissen Grad tolerieren und dürfen meistens nicht eingreifen.

Durch eure lichtvolle Anbindung mit Hilfe eures Lichtkörpers, der lichtvollen Signatur und des lichtvollen Denkens werdet ihr in der Lage sein, die kosmischen Gesetze genauso zu nutzen wie wir.

Wir denken, dass ihr noch viel lernen müsst, aber wir glauben daran, dass ihr auf einem guten Weg seid und die Verschiebung in die lichtvollen Dimensionen gelingt.

∞

Auf eines möchten wir noch näher eingehen: Dem Menschen sind DNA-Stränge entnommen worden. Durch dunkle Mächte. Für eure vollkommene Lichtfrequenz und Transformation sind aber eure ursprünglichen 12 Stränge notwendig. Jetzt habt ihr nur zwei Stränge, aber vielen Menschen, die sich bemühen und mit uns zusammenarbeiten, ist es bereits gelungen, bis zu sechs Stränge aufzubauen, und dadurch sind sie die sie belastende genetische Ausstattung teilweise losgeworden.

Letztlich ist eine Anzahl von 12 Strängen euer Ziel.

Mit der Übergabe der Signatur an eure Zivilisation (falls ihr das wollt) kann es euch gelingen, die DNA-Struktur zu verändern. Euer Körper kann sich dann an die kosmischen Gesetze anbinden, er wird in der Lage sein, sich von Lichtenergie zu ernähren, er wird nicht mehr altern und in einem so geringen Alter sterben müssen.

Der Körper wird wieder auf Hunderte von Jahren programmiert sein (im Übrigen ist die Mehrheit eurer Organe schon jetzt in der Lage, sich vollkommen zu regenerieren), und ihr werdet nicht ständig eure körperliche Hülle verlassen, erneut inkarnieren und immer wieder alles von vorne lernen und euch spirituell entwickeln müssen.

Das ist eine Vergeudung der menschlichen physischen Materie.

Eure Organe sind, falls sie nicht verschiedene chemische Präparate bekommen, auf Hunderte von Jahren programmiert. Sie werden bloß durch schlechte Ernährung, schlechte Luft, Chemie und eine geringe Anzahl von DNA-Strängen zerstört.

Wenn ihr jetzt, in diesem Augenblick, eure Signatur auf die Anzahl 12 aktivieren und nach gesunden Regeln für Körper und Seele leben würdet, würde sich euer Leben um mehrere Jahrhunderte verlängern. Eure Organe würden das spielend leicht bewältigen. Die meisten eurer Organe haben die Fähigkeit der absoluten Regeneration.

Wenn ihr eure Körper ausruhen lassen würdet, euch beim Essen nicht überfüllen und euch mehrmals im Jahr an die Lichtnahrung (Wasser könnt ihr trinken) anbinden würdet, würden sich eure Organe buchstäblich verjüngen, und ihr würdet euch dadurch auch mit der Lichtschwingung des Universums verbinden. Von ihr, der Unendlichkeit, nehmen die Organe Kraft und die Information ewigen Lebens auf.

∞

Das Reisen in Zeit und Zwischenräumen bereitet uns Freude und Leichtigkeit zugleich. Wir können die Kraft und gleichzeitig die Zartheit des Lichts nutzen.

Das Licht trägt uns wie ein funkelnder Strom oder Fluss, wenn wir uns eurem Planeten nähern. Wir fühlen im Augenblick der Teleportation noch die Schönheit und Schwingung unseres Plejadengestirns, wir fühlen, dass wir für eine gewisse Zeit unsere Heimat verlassen, und wir fühlen die Dankbarkeit des Lichtrats und unserer Mitbewohner, weil wir »Lichthelfer« sind und etwas zur Rettung eures Planeten beitragen.

Nach einer Weile beginnen sich unser Körper und unsere Flugobjekte wieder zur ursprünglichen materiellen Form zusammenzusetzen, unsere Seele verschmilzt wieder mit dem materiellen Körper.

Und wenn wir uns kurz vor eurem Planeten befinden, erscheinen vor unseren Augen die Bilder eurer hochspirituellen Meister, mit denen wir verbunden sind, und unser Herz nimmt die Gefühlsfrequenz eures Planeten Erde auf. Es nimmt auf, in welcher Verfassung euer Planet sich gerade befindet.

Wir kommen in Liebe und Frieden zu euch. Wir versuchen zu helfen, und die Seele eures Planeten steht immer in engem Kontakt zu uns und spricht zu uns und teilt uns ihre Sorgen mit. Sie teilt uns mit, worauf wir uns konzentrieren sollen, und sie teilt uns mit, wie es ihr gerade geht. Wir erhalten Energieimpulse von Menschen, die sich gerade mit uns verbinden, und wir freuen uns unglaublich darüber, dass es immer mehr werden und du auch einer dieser Menschen bist, der mit uns in Kontakt steht!

Wir bringen Liebe, Frieden und Ruhe im Herzen.

Wir bringen Hilfe und erwarten dafür keinen Dank.

Unser Herz fühlt eure Lichtessenz, und darüber sind wir mit euch verbunden, und das macht uns glücklich.

Frieden mit euch!

Die Aufgabe und Entwicklung des Menschen und des menschlichen Seins

Das Ende eines Jahres nähert sich, und ihr beschreitet in Kürze das nächste. Es wird euch viele Veränderungen bringen, viele natürliche Veränderungen. Mit jedem Tag und mit jeder Anbindung an die lichtvolle Intelligenz nähert ihr euch eurem heiligen Ziel an. Dem Reinigen der Herzen und dem Sich-Anbinden an die universellen Gesetze.

Viele von euch nehmen diese natürlichen Prozesse eurer Ära mit Dankbarkeit auf, die meisten jedoch mit einem unguten Gefühl im Herzen. Sie verlieren den Boden unter den Füßen wegen der unendlichen Enttäuschung über ihr Schicksal. Diese Mehrheit an Menschen ist schon so verzweifelt, sie hat vor sich selbst und vor der Außenwelt kapituliert und schafft es nur sehr schwer, sich in dieser Inkarnation an die lichtvollen Gesetze anzubinden.

Dient deshalb ihr, die Boten und Pioniere des Lichts, als »strahlende« Beispiele dafür, wie eure Inkarnation auf dem Planeten Erde auszusehen hat. Erlebt eure Inkarnation mit all ihren von euch zuvor vorbereiteten Prüfungen und Aufgaben. Nur so lernt ihr und könnt euch an euer Inneres anbinden, eine Einheit mit ihm und ein unabhängiges Individuum sein.

Auch das ist eure Mission.

∞

Vielleicht fragst du dich, was deine Aufgabe auf diesem Planeten ist. Warum du hierher gekommen bist. Was das für einen Sinn hat, und wohin du als Mensch strebst. Was die Gesamtaufgabe der Menschheit ist, und ob euer Zeitalter des Menschen überhaupt jemals endet. Gibt es ein Ende dieses Zyklus? Wo befindet sich der Anfang?

Das sind Fragen, so alt wie die Menschheit selbst.

Als wir euch auf den Planeten Erde gebracht haben, war euch alles klar. Ihr habt nach den Gesetzen des Universums gehandelt, wie ihr schon auf eurem ursprünglichen Planeten nach diesen Gesetzen gehandelt habt. Euer Herz war rein, eure Essenz mit der universellen Energie des göttlichen Zentralwissens verbunden, und es gab für euch keine Probleme spiritueller Art bei der Inkarnation oder Evolution. Ihr habt gearbeitet und euch über Kristalle angebunden. Über das Kristallreich. Ihr habt die unberührte Natur auf der Erde geehrt und eure Wünsche kraft eurer Gedanken manifestiert.

Dunkle Mächte haben eure Erde und eure Gesellschaft in einen chaotischen Zustand versetzt.

Nun müsst ihr, in dieser Zeit, ihr, die Lichtboten, in diesem Chaos wieder Ordnung schaffen und die Kraft des Lichts aufzeigen. Euer Ziel ist es, wie wir schon mehrmals wiederholten, euer Herz zu reinigen, in diesem Zustand zu bleiben, kein Einzelwesen zu sein, das vom Negativen des gesellschaftlichen Geschehens abhängig ist, nicht abhängig zu sein von einzelnen Personen und sich mit den universellen Gesetzen zu verbinden. Das wird euch die nötige Kraft, Liebe und Fülle auf allen Ebenen geben. Absolut auf allen.

Das Zeitalter des Menschen endet nie, genauso wie eure Seele unendlich ist.

Wenn ihr eure Negativitäten verarbeitet habt, gelangt ihr in einen Zustand der Ewigkeit, der Unendlichkeit.

Dann kann sich eure Seele entscheiden, ob sie im Zustand der Ewigkeit bleibt und mit der unendlichen bedingungslosen Liebe des Universums verschmelzen will oder in verschiedenen Formen ihres Seins anderen Wesen helfen wird, egal auf welche Art und Weise.

∞

Millionen von euch verbinden sich mit der Engelwelt und mit der Welt der »aufgestiegenen Meister«, wie ihr sie nennt. Diese Lichthelfer stehen in sehr engem Kontakt mit euch, sie verbreiten ihre Energie über den ganzen Planeten, damit sich jeder von euch anbinden kann. Sie sind eine Form von farbenprächtiger Lichtenergie, wobei jede Farbe ein anderes Spektrum hat und eine andere Kraft.

Sie sind Helfer Gottes, die euch dabei unterstützen, jegliches Hindernis zwischen euch und der göttlichen Energie zu entfernen. Manchmal reicht es schon aus, wenn ihr nur an sie denkt und euch gedanklich an ihr Feld anbindet, und schon könnt ihr euch von ihrem farbigen Spektrum durchleuchten lassen. Diese farbigen Spektren sind in der universellen Welt des göttlichen Bewusstseins enthalten, und weil alles miteinander verbunden ist, verbindet sich auch euer Energiefeld mit dem Energiefeld dieser heilenden und Segen bringenden Farben.

Manchmal ist es für euch Menschen schwierig, euch direkt an die göttliche Welt anzubinden, da eure Herzen nicht ausreichend gereinigt sind, und dafür sind eben diese Lichthelfer, die eure Herzen und Körper mit der göttlichen Energie verbinden, hervorragend geeignet.

Manche von euch, die viele Blockaden, Traumata und Belastungen haben, sind »im Herzen schwach«. Deshalb ist für sie die Anbindung an die Kraft Gottes oder anderer Zivilisationen beschwerlich. Die Verbindung bringt ihnen vielleicht Erleichterung, aber keine absolute, und so ist es wichtig, an sich zu arbeiten, sein Ego abzulegen, damit eure Schwingung reiner ist und sich selbstständig an das göttliche Bewusstsein anbinden kann, ohne jegliche Lichthelfer.

Diese Helfer, aufgestiegene Meister und einige eurer Engelwesen, waren ebenfalls auf dem Planeten Erde und sind durch eine ähnliche Entwicklung gegangen wie ihr. Sie haben sich, nachdem der Lichtrat beurteilt hat, dass ihre Seelen schon in der Ewigkeit bleiben können, entschieden, auf diese Weise der menschlichen Gemeinschaft zu helfen.

Millionen weiterer lichtvoller Seelen, die nach ihrer Inkarnation im Herzen bereits rein waren, helfen euch, den menschlichen Wesen, und »führen« euch sozusagen durch das irdische Leben. Sie führen und helfen euch. Es liegt an euch, ob ihr ihre Ratschläge und Hilfe annehmt, sie telepathisch und intuitiv wahrzunehmen lernt und euch durch sie führen lasst.

Auch ihr habt die Möglichkeit, euch nach dem Beenden eurer Inkarnation und dem Reinigen eures Herzens auf die Seite der Lichthelfer zu begeben und anderen Wesen in der ganzen kosmischen Welt, die die lichtvolle Unterstützung noch brauchen, zu helfen.

Glaubt daran, dass der Planet Erde nicht der einzige ist, der noch evolutionär-spirituelle Probleme hat. Das Universum ist unendlich, genauso wie seine Dimensionen, Parameter und zeitlichen Verflechtungen.

Jede Galaxis hat individuelle Gesetze, und dennoch muss sie in die Ganzheit des Universums passen. Sie muss in ihrer

Größe und Frequenz, mit ihren Gesetzen und ihrem Licht hineinpassen. Alles ist wie ein riesiges Puzzle, das jederzeit auseinandergenommen werden kann, bei dem es aber immer auch möglich sein muss, es wieder zu einem riesigen Bild zusammenzufügen.

Lasst nicht zu, dass das Puzzlestück eures Planeten aus eurem Heimatuniversum herausgenommen und zerstört wird. Ihr seid dem Übergang in höhere Dimensionen schon so nahe. Lasst nicht zu, dass euer Puzzlestück entnommen wird und sich ganz von vorne entwickeln muss. Das würde für euch ein neues Ende und später einen neuen komplizierten Anfang bedeuten.

Wir unterstützen euch, wir kommen mit Hilfe zu euch. Verbindet euch mit der rosa-goldenen Farbe des spektralen Bewusstseins und durchstrahlt täglich eure Herzen. Steigt mit ein und begebt euch zu uns nach oben. Schritt für Schritt.

∞

Eure Population und eure menschlichen Wesen gehören zu den schönsten. Ja, wirklich zu den schönsten. Humanoide Wesen, wie ihr es seid, strahlen die Schönheit der Seele aus, und so soll es sein. Eure Mimik und euer beseelter Ausdruck spiegeln die Schönheit des Herzens und die Verbindung mit der bedingungslosen Liebe des Universums wider.

Eure Augen sind sehr lebendig und sprechen alle Sprachen des Universums und eurer Welt. Über eure Augen könnt ihr euch auch ohne Worte verständigen.

Die Schönheit eures menschlichen Seins ist unermesslich. Es wird noch schöner sein, wenn es sich mit seinen 12 Strängen an seine ursprüngliche Matrix und an die Matrix des Universums anbindet. Dann werden euer Körper und euer ganzes Wesen noch schöner und strahlender sein. Jeder von euch wird mit eigenen Augen Farbe und Strahlkraft eures ätherischen Körpers und die Strahlkraft eurer Gedanken und des ganzen Wissens, das ihr in euch tragt, wahrnehmen können. Ihr werdet keine dunklen Bereiche und Teile mehr in euch verbergen, ihr werdet strahlen und glücklich sein.

Ihr werdet selbst entscheiden können, welche Lebensform und welcher Heimatplanet euch zusagt. Ihr werdet selbstständige Einzelwesen sein, und es wird keine Hindernisse mehr für euch geben. Ihr werdet die Barrieren des irdischen Seins, Barrieren physikalischer und materieller Art, überwinden und euch erneut in Raum und Zeit bewegen können.

Endlich werdet ihr die kosmischen Familien wieder nach eigenem Ermessen besuchen können und nicht mehr im jetzigen Körper gefangen sein.

Ja, ihr habt richtig gehört. Wegen eurer bisher unzureichenden spirituellen Entwicklung und Verbindung mit den universellen Gesetzen seid ihr in eurem Körper gefangen. Ihr seid nicht der Teleportation fähig, ihr seid nicht der bewussten Abtrennung der Seele vom Körper fähig, und ihr könnt eure Gedanken bislang nur sehr wenig manifestieren.

Deshalb verbindet euch mit uns!

DESHALB SIND WIR HIER!

Wir helfen euch, eigenständig zu denken, wir helfen eurer Seele beim Übergang in verschiedene Dimensionen für ein besseres Verständnis der Gesetze, und wir werden mit eurer Materie arbeiten, die bis jetzt euer Gefängnis und eine große Barriere ist.

Werdet ein Mensch der Zukunft, ein strahlender Mensch – im Körper und in der Seele –, und verbindet euch mit dem Universum. Das Universum ist euer Zuhause und euer Ziel. Keine Hindernisse und Schranken mehr!

Wie kleinlich das Denken der Menschen bisher ist. In diesem Jahr sind erst sieben Prozent der Menschen in der Lage, mit uns zusammenzuarbeiten und die Gesetze des Universums zu verstehen. Mit jedem Jahr werden aber weitere Menschen hinzukommen, da sich das Licht mit Lichtgeschwindigkeit ausbreitet und nicht stoppen lässt. Dunkle Mächte werden auf dem Rückzug sein, und ihr werdet siegen.

Ihr werdet über die Dunkelheit siegen.

Ihr werdet über euch selbst siegen.

Ihr werdet Glück auf allen Ebenen eures Seins erfahren.

Sexuelle Energie und ihre natürliche Berechtigung, Ausgleich der Dualität

Das aggressive Verhalten der Mehrheit der Bewohner eures Planeten ist das Ergebnis einer *unnatürlichen*, den Menschen durch dunkle Kräfte übergebenen Signatur.

Aggressivität in Form von Kriegen, Aggressivität gegenüber anderen Menschen, sei sie nun physischer oder verbaler Art, ist euer unnatürliches Element – ein *unnatürliches* Element – und gehört auf gar keinen Fall zu eurer Essenz.

Aggressives Verhalten, das sich mit der Geschwindigkeit einer Lawine überträgt, nahm vor vielen Tausenden von Jahren seinen Anfang, verursacht durch dunkle Mächte. In der jetzigen Zeit ahnen die dunklen Mächte, dass das Licht versucht, die Oberhand zu erlangen. Sie ahnen, dass die Menschen die auferlegten negativen Frequenzen nicht länger ertragen wollen und dass sie versuchen, diese abzuschütteln, aus ihrem Körper und Geist zu vertreiben.

Dabei laufen die Menschen aber sozusagen im Kreis. Sie sind allein nicht imstande, sie loszuwerden.

In Kriegsgebieten, überall dort, wo Sklaverei herrscht, in den Entwicklungsländern, in Bereichen der Unterwelt und an anderen negativ belasteten Orten fühlt sich das aggressive, unmenschliche Verhalten besonders wohl. Über ganze Gebiete und Länder sind dunkle Energieschleier ausgebreitet. Sie sind in ihrer Form so dicht, dass es sehr schwierig ist, sie anzuheben und zu transformieren.

Die Energien der Aggressivität versuchen inzwischen, sich über den ganzen Planeten auszubreiten, haben es auch schon fast geschafft. Über manchen Gebieten sind sie nur ein wenig schwächer als anderenorts und noch nicht ganz so dicht. Ein Mensch, der sich gedanklich anbindet, wird augenblicklich in diesen Strom der Negativität geworfen und kann nur schwer wieder aussteigen.

Der Mensch handelt dann nicht durch seinen eigenen Verstand. Wie sollte er auch, wenn er mit seiner unreinen Essenz und seinem ungereinigten Herz direkt an diese Aggressivität angebunden ist und ununterbrochen in Verbindung mit ihr steht? In die Körper aggressiver Menschen geraten ständig negative geometrische Signaturen, die das Verhalten dieser Menschen beeinflussen.

∞

Besonders belastend ist für euch, was ihr Menschen euch unter dem Wort Sexualität vorstellt. Ihr habt euch diesbezüglich in mehrere Gruppen aufgeteilt.

Bei manchen ruft das Wort Sexualität, wenn es auch nur ausgesprochen wird, schon den Zustand von etwas Verbotenem hervor, den Zustand des Gedankens, dass sexuelles Verhalten nur dazu da ist, eure irdischen Nachkommen zu zeugen, und andere Formen einer physischen Verbindung verboten oder unzulässig sind.

Neue Plejaden-Werke im AMRA Verlag!

BEST SELLER

Pavlina Klemm

KOSMISCHE HEILAPOTHEKE

Das Praxisbuch mit Heilsymbolen & Meditationen

240 Seiten, gebunden, Leseband, durchgehend farbig

€ [D] 24,99 / € [D] 25,70 • ISBN 978-3-95447-663-3

Die jetzige Zeit, in der die Menschheit aus 3D aussteigt, hat den Zugang zur Heilapotheke wieder geöffnet. Neben den Symbolen aus dem Kartenset, Schablonen zur energetischen Visualisierung, enthält dieses Praxisbuch sehr viel zusätzliches Material in Form von Meditationen, Durchsagen und Bildern. Heilung geschieht aus euren energetischen Abdrücken in der göttlichen Quelle!

»So lange mussten wir auf die Manifestation dieses Heilprojekts warten.« ~ *Pavlina Klemm*

BEST SELLER

Pavlina Klemm

KOSMISCHE HEILAPOTHEKE – das Kartenset

44 Aktivierungskarten mit 144 Seiten Begleitbuch

€ [D] 26,99 / € [A] 27,80 • ISBN 978-3-95447-450-9

Jede einzelne Karte ist an die Kosmische Heilapotheke angebunden und übermittelt auf dich persönlich abgestimmte Lösungen. Von der Aktivierung des Herzensraums über den Urton deiner Heimat bis zu Heilfrequenzen für Drüsen, Lunge, Geist & Seele sowie die Anbindung an Vitamine, Mineralstoffe und deine DNA erhältst du hier durch die Plejader energetische Möglichkeiten für die eigene Regeneration.

»Endlich könnt ihr diese Art der Heilung für euch und andere wieder nutzen.« ~ *Die Plejader*

Übungs-CD erhältlich

NEU

Barbara Marciniak & Pavlina Klemm (Vorwort)

SCHLÜSSEL ZUM WISSEN DER ERDE

Lichtbotschaften von den Plejaden

288 Seiten, gebunden, oranges Leseband

€ [D] 24,99 / € [A] 25,70 • ISBN 978-3-95447-624-4

Aus 26 Sitzungen, die in Mexiko, Ägypten, auf Bali und in den USA stattfanden, entstand ein Handbuch für ein inspiriertes Leben. Wir lernen, die Göttinnen-Energien wahrzunehmen und unsere DNA zu leben, so dass allmählich eine multidimensionale Perspektive entsteht. Die Korridore der Zeit werden erforscht, und ein tieferes Verständnis für unsere Ahnenreihe wird geweckt. Verborgenes Wissen erwacht.

Jedes Kapitel schließt mit einer Energieübung zur Vertiefung der Lichtinformationen.

 Buchauszüge und Botschaften auf www.AmraVerlag.de

Neue Plejaden-Werke im AMRA Verlag!

BEST SELLER

Pavlina Klemm

HEILSYMBOLE & ZAHLENREIHEN Band 2

Neues Arbeitsbuch der Plejadenheilung

224 Seiten, gebunden, oranges Leseband

€ [D] 22,99 / € [A] 23,70 • ISBN 978-3-95447-577-3

Seit dem ersten Band sind zahlreiche neue Heilsymbole entstanden, die zusammen mit teils exklusiv gechannelten Zahlenreihen Eingang in dieses Buch gefunden haben. Von der Anhebung des spirituellen Bewusstseins bis zur Neuanbindung von Seelenanteilen, die durch die jüngsten Entwicklungen vom Körper abgespalten wurden, findet sich eine Fülle von aktuellen Themen, die hilfreich für diese Zeit sind!

Pavlina gibt eine Unmenge wertvoller Tipps und zeigt, wie das Channeling durch die 5. Herzkammer möglich ist.

BEST SELLER

Pavlina Klemm

HEILSYMBOLE & ZAHLENREIHEN Kartenset 2

44 neue Karten mit 144 Seiten Begleitbuch

€ [D] 26,99 / € [A] 27,80 • ISBN 978-3-95447-579-7

Schwingung der Liebe, Schutz der Seele, Anbindung an Ra und Gaia sowie Aktivierung der Schöpferkraft und Umprogrammierung deines Herzens auf Freude sind nur einige der vertretenen Themenbereiche. Neben neuen Zahlenreihen enthält dieses Set auch Heilsymbole der platonischen Körper, mehrerer Erzengel sowie zweier Plejader, mit denen der Benutzer durch die Karten direkt in Kontakt treten kann.

Mit diesem Set erhältst du das Rüstzeug für die energetische Arbeit in der Neuen Zeit!

TIPP

Barbara Marciniak & Pavlina Klemm (Vorwort)

AUFBRUCH INS NEUE MORGEN

Lichtbotschaften von den Plejaden

288 Seiten, gebunden, oranges Leseband

€ [D] 24,99 / € [A] 25,70 • ISBN 978-3-95447-622-0

Seit seinem Erscheinen in den USA ein weltweiter Bestseller, versammelt dieses Buch eine Fülle medial empfangener, höchst aktueller Texte, entstanden aus über 400 Stunden Channeling. Mit viel Humor, aber auch aufrüttelnd und provozierend, informieren die Plejader uns über den stattfindenden Zeitenwechsel und zeigen uns für die kommenden Umwälzungen konstruktive Wege auf.

»So wichtig und aktuell – unfassbar hilfreich!«
Aus dem Vorwort von Pavlina Klemm

Buchauszüge und Botschaften auf www.AmraVerlag.de

Pavlina Klemm

LICHTBOTSCHAFTEN VON DEN PLEJADEN Band 9

Erwachen im Licht der Freiheit

240 Seiten, gebunden, oranges Leseband

€ [D] 19,99 / € [A] 20,60 • ISBN 978-3-95447-571-1

Schritt für Schritt lehren uns die Plejader die kosmische Freiheit und das Channeln durch den Heiligen Herzensraum. Sie aktivieren mit der Sonnensymbol unsere Zirbeldrüse, binden uns mit dem Erdsymbol an die höhere Ordnung an, bringen uns die Innenerde nahe, die kosmischen Kinder, Farbwesen und Erzengel, schützen uns vor fremden Einflüssen und erhöhen durch neue Übungen unser Licht und Bewusstsein.

Tipps & Ratschläge zur persönlichen Stabilisierung erleichtern den Einstieg in höhere Frequenzen!

begleitend zum Buch sind erschienen:

Dein Weg zum Erwachen im Licht der Freiheit [Übungs-CD 10]
78 Min.; € [D/A] 19,99
ISBN 978-3-95447-574-2

Erwachen im Licht der Freiheit [Hörbuch]
7 Std. 58 Min.; € [D] 19,99 / € [A] 20,60
ISBN 978-3-95447-572-8

Heilungs-Seminare »Weiße Reihe«

empfangen und eingesprochen von Pavlina Klemm

Channeln lernen unter Einbeziehung der fünften Herzkammer [Anbindungs-CD]
78 Min.; € [D/A] 19,99 • ISBN 978-3-95447-681-7

Neuanbindung der Seele. Rückholung deiner Seelenanteile [Doppel-CD]
159 Min.; € [D/A] 22,99 • ISBN 978-3-95447-549-0

Selbstliebe. Ein Kurs zur Heilung auf allen Ebenen [Doppel-CD]
159 Min.; € [D/A] 22,99 • ISBN 978-3-95447-375-5

Heile deine Chakren. Reinigung für das Große Erwachen [Doppel-CD]
159 Min.; € [D/A] 22,99 • ISBN 978-3-95447-499-8

Energetischer Schutz. Rückkehr der Gesundheit deines Körpers [Antiviren-CD]
79 Min.; € [D/A] 19,99 • ISBN 978-3-95447-385-4

Sonnenklang. Lichtheilung durch die Plejader [Reiner Klang & Anleitungen im Booklet]
79 Min.; € [D/A] 19,99 • ISBN 978-3-95447-508-7

Alle CDs auch als Download auf www.AmraVerlag.de

Unsere SPIEGEL-Bestseller!

Auch als Hörbuch-CD

Pavlina Klemm
LICHTBOTSCHAFTEN VON DEN PLEJADEN Band 8
Im Feld der Heilung
240 Seiten, gebunden, oranges Leseband
€ [D] 19,99 / € [A] 20,60 • ISBN 978-3-95447-566-7

Jetzt, in der Zeit des Erwachens, führen uns die Plejader ins Feld der Heilung. Neben vielen Übungen und Affirmationen stellen sie eine neue Zahlenreihe vor, die uns hilft, künstlich einkodierte Programme aufzulösen. Sie erklären, was es mit dem Blauen Licht auf sich hat, und bieten einen neuen Schutz für diese Zeit an: die »Gnade Gottes«. Aber vor allem lassen sie uns an der Großen Wahrheit teilhaben.

Enthält als kostenfreien Bonus die Abschriften von fünf Video-Botschaften der Plejader!

TIPP

Gregg Braden
MENSCH : GEMACHT
Von der zufälligen Evolution zur bewussten Transformation
352 Seiten, gebunden, oranges Leseband
€ [D] 24,99 / € [A] 25,70 • ISBN 978-3-95447-337-3

Neueste Forschungen zeigen, dass der Mensch, so wie er heute existiert, vor 200.000 Jahren urplötzlich entstand – aufgrund einer Verschmelzung von Genen, die bewusst herbeigeführt worden sein muss. Und von Anfang an zeichnen wir uns durch enorme Fähigkeiten aus, die uns auf Abruf zur Verfügung stehen. Bradens neues Buch überwindet die Grenzen zwischen Wissenschaft und Spiritualität und stellt sich der zeitlosen Frage: Wer sind wir?

Mit 5 Übungen und 46 Leitsätzen für den persönlichen Weg – vom vielfachen Bestsellerautor der New York Times.

Gelesen von Birgit Fischer

Medium Birgit Fischer
STARSEEDS. Warum wir hier sind und wohin wir gehen
Transformierende Botschaften aus fernen Galaxien
10 Std. 2 Min., Audio-CD, auch als Download
€ [D] 19,99 / € [A] 20,60 • ISBN 978-3-95447-679-4

Die Autorin liest hier vollständig ihren Bestseller und führt uns klar vor Augen, welche Starseeds es gibt, welche Bedeutung sie haben, wie sie mit uns kommunizieren und wie wir ihre Energien nutzen können, um innere Heilprozesse anzustoßen. Mit der CD kommt eine Liste aller 69 Tracks zum gezielten Anwählen, ein Dutzend davon sind geführte Meditationen, die zur leichteren Anbindung an die Energien mit entspannender Hintergrundmusik versehen wurden.

Enthält außerdem Zugangsdaten zu sieben Trance Speakings, ebenfalls eingesprochen von Birgit Fischer.

Auch als eBook und Download auf www.AmraVerlag.de

Pavlina Klemm

LICHTBOTSCHAFTEN VON DEN PLEJADEN Band 7

Wissen für die Neue Zeit

240 Seiten, gebunden, oranges Leseband

€ [D] 19,99 / € [A] 20,60 • ISBN 978-3-95447-451-6

Die Plejader erklären das Große Erwachen, den irdischen Weg der Befreiung und die Bedeutung eurer Inkarnation in dieser Zeit, schilde die übergeordnete Seele der Familie, das morphogenetische Feld der Kinder, unterstützen euch bei der Regeneration eurer DNA und binden euch an die Frequenzen der kosmischen Freiheit an. Den Schwerpunk bilden die Kosmische Apotheke und die Heilung unserer Chakren.

Bonus: Sämtliche Botschaften der Plejader zur aktuellen Lage. Aufgeladen mit den Frequenzen der positiven Zukunft.

Pavlina Klemm

LICHTBOTSCHAFTEN VON DEN PLEJADEN – Kartenset mit exklusiv gechannelten Botschaften

44 Energiekarten für jeden Tag & 128 Seiten Übungsbuch

€ [D] 26,99 / € [A] 27,80 • ISBN 978-3-95447-570-4

Ziehe für dich oder andere die aktuelle Botschaft. Mache die im Begleitbuch empfohlene Übung, sprich die Affirmation und nutze die Karte, mit der du energetisch verbunden bist, um dein ganz persönliches Feld der Heilung aufzubauen. Durch die Arbeit mit dieser Karte veränderst du dein aktuelles Thema zum Positiven.

»Dein Bewusstsein kann sich in jedem Augenblick deiner irdischen Existenz mit uns verbinden.« ~ *Die Plejader*

Pavlina Klemm & Sayama: Übungs-CDs der Plejader

Gnade Gottes und Beistand für Seelen, Famili und alle Kinder der Welt (CD 9)

79 Min; € [D/A] 19,99 • ISBN 978-3-95447-569-8

Heilung von Körper, Geist und Seele in der Neuen Zeit (Kosmische Heilapotheke – CD 8)

79 Min; € [D/A] 19,99 • ISBN 978-3-95447-454-7

Heilung durch die kosmische Energie der Zentralsonne (CD 7)

78 Min; € [D/A] 19,99 • ISBN 978-3-95447-447-9

Klangmeditation zur Wiederanbindung der DNA-Stränge [Reiner Klang]

70 Min.; € [D/A] 19,99 • ISBN 978-3-95447-332-8

 Alle Plejaden-Hörbücher als Download auf www.AmraVerlag.de

TIPP

Eva Marquez & Pavlina Klemm (Vorwort)

DNA-AKTIVIERUNG DURCH DIE KOSMISCHE FAMILIE

Kontakte mit den Plejaden, Sirius, Andromeda, Centaurus, Epsilon Eridani und Lyra

208 Seiten, gebunden, oranges Leseband

€ [D] 19,99 / € [A] 20,60 • ISBN 978-3-95447-335-9

Endlich erfährst du etwas über verschiedene Sternenvölker der Menschheitsfamilie und kannst mit ihnen in Verbindung treten. Wenn sie deine ursprünglichen Vorfahren sind, steigen beim Lesen vielleicht Erinnerungen in dir auf, und deine spirituelle DNA wird aktiviert. Du wirst unwillkürlich auf die Energie eingestimmt, die dir in deinem jetzigen Leben am meisten weiterhilft.

»Kosmische Liebe und diese wundervolle Lichtfrequenz.«
Aus Pavlina Klemms Vorwort

TOP SELLER

Eva Marquez

SEELENHEILUNG UND ENERGETISCHER SCHUTZ

Bei Besetzungen, Implantaten und negativen Einflüssen

224 Seiten, gebunden, oranges Leseband

€ [D] 19,99 / € [A] 20,60 • ISBN 978-3-95447-352-6

Wie erkennt man blockierende Energien? Wie kann man sich davon befreien? Wie schützt man sich und andere energetisch? Wie heilt man tiefgehende seelische Verletzungen und erinnert sich umfassend an sein Wissen als Heiler? Mit Unterstützung der Plejader erklärt Eva die Ursachen blockierender Energien.

Alles, was du wissen musst, um durch Übungen, Meditationen und Behandlungen den Weg in die geistige Freiheit zu gehen.

Band 1-2 lieferbar

Eva Marquez & Pavlina Klemm (Vorwort)

HEILUNGSCODE DER PLEJADER Band 3

Alien-Fragmente, Reise der Seele und multidimensionales Leben

240 Seiten, gebunden, oranges Leseband

€ [D] 22,99 / € [A] 23,70 • ISBN 978-3-95447-390-8

Es findet gerade der Aufstieg statt, und du hast Anteile in dir, die dir als Wegweiser dienen können. Durch ihre Aktivierung erfährst du mehr über die Reise deiner Seele und über die Hintergründe der Galaktischen Kriege, die dich zur Erde führten. Du kannst Programme verlassen, die dir nicht mehr dienlich sind. Lichtinformationen schließen neue Türen auf, heilen deine Seele und binden dich an ein großes Wissensfeld an.

Alle auch als Hörbuch-CD

Wo die Vergangenheit endet,
beginnt *deine* Zukunft!

Übungs-CDs zu Evas Büchern auf www.AmraVerlag.de

Pavlina Klemm
HEILSYMBOLE & ZAHLENREIHEN
Arbeitsbuch der Plejadenheilung
208 Seiten, gebunden, oranges Leseband
€ [D] 22,99 / € [A] 23,70 • ISBN 978-3-95447-580-3

Jetzt ergänzt u… 18 Heilsymbo…

Vom Aufbau des lichtvollen Schutzes bis zum Segen für dich selbst und andere, vom Vergebungsritual über die Heilsymbole und Zahlenreihen bis zur Durchlichtung der Chakren, der Kontaktaufnahme mit deiner Familie im Licht und der energetischen Unterstützung deines Herzorgans … Dieses Buch enthält aktuelles Arbeitsmaterial aus Plejadenbüchern, Workshops und Seminaren des Channelmediums.

ERWEITERTE NEUAUSGABE DES BESTSELLERS

»Die kosmischen Lichtimpulse können den Geist des Menschen jetzt endlich heilen!« ~ *Die Plejader*

Ob in München, Frankfurt, Basel oder Prag, Wien oder Hamburg …

Pavlinas Wochenend-Workshops sind legendär. Tausende von Teilnehmern kamen schon in den Genuss der Plejadenheilung. Jetzt gibt es die gechannelten Meditationen, gesprochen von Pavlina selbst, endlich auch auf CD.

Je 78 Minuten • Jewelcase • ausfaltbares Booklet mit Heilsymbol & Anleitung • pro CD 22 €

Befreiung der Thymusdrüse. Entfernung von Implantaten, Rückerlangung der weiblichen Kraft, Reinigung der Chakren, Aufbau und Integration positiver Frequenzen. Wiederanbindung an die DNA, Heilung verlorener Seelenanteile. Programmierung deiner Kristalle. Schutz, Erdung und vieles andere mehr …

Die drei oben abgebildeten Workshop-CDs sind *nicht* im Handel erhältlich, *nur* auf www.AmraVerlag.de

Hotline: +49 (0) 6181-189392
Service: Info@AmraVerlag.de
AMRA Verlag, Auf der Reitbahn 8
63452 Hanau, Deutschland

Tanja Matthöfer & Pavlina Klemm (Vorwort)
CHANNELING
Universalschlüssel zur Geistigen Welt
240 Seiten, gebunden, oranges Leseband
€ [D] 22,99 / € [A] 23,70 • ISBN 978-3-95447-479-0

Channeling ist die einfachste und wichtigste Methode, mit der Geistig Welt in Verbindung zu treten. Ob Sternengeschöpfe, Aufgestiegene Meister oder Naturwesen – mit allen können wir uns austauschen. Und wenn wir mit dem gesamten Reich der Schöpfung in Kontakt stehen, stärkt uns das. Es bringt uns in unsere ursprüngliche Kraft zurück. Alles spricht – und wir können lernen, wieder hinzuhören!

»Alle Menschen haben diese Fähigkeit in sich.«
Aus dem Vorwort von Pavlina Klemm

LD Thompson & Sabrina Fox (Vorwort)
DIE MACHT DER CHAKREN
Ein Praxisbuch zur Erhöhung des Bewusstseins
224 Seiten, gebunden, oranges Leseband
€ [D] 22,99 / € [A] 23,70 • ISBN 978-3-95447-598-8

Durch praktische Übungen und Meditationen, die uns Solano mitteilt, der geistige Mentor des Autors, lernen wir die Energiezentren unseres Körpers kennen, wir lernen sie wahrzunehmen, zu verstehen und ins Gleichgewicht zu bringen. Und wir lernen die Bedeutung eines achten Chakras in unserem Energiesystem kennen, das uns die tief gehende innere Evolution ermöglicht – das Tor zum höheren Bewusstsein.

»Jedes Chakra enthält seine eigenen Lehren.«
Aus dem Vorwort von Sabrina Fox

TIPP

Bianca Sommer & Pavlina Klemm (Vorwort)
DAS HEILENDE WISSEN DER TIERE Band 1
Botschaften von Tiergruppenseelen
240 Seiten, gebunden, oranges Leseband
€ [D] 22,99 / € [A] 23,70 • ISBN 978-3-95447-504-9

Die Channelings zwölf verschiedener Tierarten in diesem Buch zeigen, welches unendliche Wissen das Höhere Selbst unserer Wegbegleiter in sich trägt. Einzelgespräche mit Tieren machen deutlich, wie sehr sie de Menschen bestimmte Themen und den Lösungsweg nahebringen. Auch Anleitungen sowie Erläuterungen und Beispiele für Meditationen sind enthalten, die eine klare Struktur für den medialen Austausch bieten.

»Liebe Bianca, danke für dieses wundervolle Geschenk!«
Aus dem Vorwort von Pavlina Klemm

Mehr Bücher dieser Autoren auf www.AmraVerlag.de

Medium Tanja Matthöfer
JENSEITS – EINBLICKE INS PARADIES
240 Seiten, gebunden, oranges Leseband
€ [D] 23,99 / € [A] 2470 • ISBN 978-3-95447-613-8

Was, wenn die Welt, wie wir sie kennen, für uns nur eine Lebensebene von vielen ist? In berührenden Gesprächen mit Verstorbenen und mit geistigen Helfern wird der Schleier zwischen dem Diesseits und Jenseits gelüftet. Mediale Reisen enthüllen erstaunliche Landschaften, die uns im Jenseits erwarten. Dieses Buches ist ein Abenteuer, das deine Sicht auf das Leben und den Tod für immer verändern wird.

»Wir kehren schrittweise zurück in unser freies göttliches Bewusstsein. Das menschliche Bewusstsein entfaltet sich.« ~ *Tanja Matthöfer*

Whitley & Anne Strieber
DIE SEELE IM JENSEITS
Erleuchtung geschieht, wenn von uns nichts als Liebe übrig ist
288 Seiten, gebunden, oranges Leseband
€ [D] 22,99 / € [A] 23,70 • ISBN 978-3-95447-358-8

Lebt unsere Seele nach dem Tod weiter? Als Anne Strieber starb, wollte sie dies ihrem geliebten Ehemann Whitley beweisen. Dazu folgte sie einem gemeinsamen Plan. Wer zuerst stirbt, kontaktiert den anderen zunächst nicht direkt, sondern über Freunde. Was daraus entstand, ist so überzeugend, dass der berühmte Jenseitsforscher Dr. Gary Schwartz dieses Buch als einen der besten existierenden Beweise für Jenseits-Kommunikation nach dem Tod bezeichnet.

»Was für ein spirituelles Juwel. Ich kann es nur wärmstens empfehlen.« ~ *Pavlina Klemm*

Bianca Sommer & Kerstin Simoné (Vorwort)
DAS HEILENDE WISSEN DER TIERE Band 2
Weitere Botschaften von Tiergruppenseelen
224 Seiten, gebunden, oranges Leseband
€ [D] 22,99 / € [A] 23,70 • ISBN 978-3-95447-607-7

Botschaften der Gruppenseelen verschiedener Tierarten geben uns Werkzeuge an die Hand, um besser mit uns und anderen umzugehen. Mediale Auskunft geben uns diesmal Hunde, Katzen, Meerschweinchen, Hamster, Geckos, Schnecken, Wale, Elefanten, Schweine, Wespen, Schafe, Luchse, Bussarde und Grashüpfer. Das Buch zeigt auch, wie jeder von uns das Höhere Selbst von Tiergruppen channeln kann.

»Euch erwartet ein unbeschreiblich kostbarer Schatz.«
Aus dem Vorwort von Kerstin Simone

Lee Harris & Regina Meredith (Vorwort)

ENERGIE SPRICHT

Das Praxisbuch über Leben, Liebe & Lichtarbeit

288 Seiten, gebunden, oranges Leseband

€ [D] 24,99 / € [A] 25,70 • ISBN 978-3-95447-671-8

Von SPIEGEL-Bestsellerautorin Pavlina Klemm empfohlen, gibt dieses Buch einen klaren Plan für inneres Wachstum und Veränderung. Es bie praktische Anleitungen, die von Selbstausdruck über Lebenssinn bis z Zielsetzung, emotionaler Heilung und Wohlbefinden reicht. Es zeigt uns wie wir mit unseren Geistführern arbeiten können. Der Autor gilt als da größte neue Channelmedium seit Lee Carroll und Neal Donald Walsh.

»Lee Harris und seine geistigen Führer sprechen für eine neue Generation von spirituell Suchenden.« ~ *Regina Meredith*

Lee Harris & Dianna Edwards

ERWECKE DEINE MULTIDIMENSIONALE SEELE

Gechannelte Botschaften aus der 9. Dimension

224 Seiten, gebunden, oranges Leseband

€ [D] 22,99 / € [A] 23,70 • ISBN 978-3-95447-696-1

Weisheit für eine neue Welt: Es geht darum, was es bedeutet, ein Mensch zu sein, die Heilung von Verletzungen, Technologien der Neuen Zeit, die spiralförmige Natur universeller Informationen, die Verbindung der Seele mit dem Körper, um die Zunahme der Bewusstheit auf dem Planeten, die Schönheit und Kraft der Trauer und vieles andere mehr – gechannelt für die aktuelle Zeit!

»Jedem zu empfehlen, der in diesen bewegenden Zeiten spirituellen Rat sucht.«
Colette Baron-Reid

Lee Harris & Dianna Edwards

DIE ENERGETIK DER NEUEN MENSCHLICHEN SEELE

Gechannelte Botschaften aus der 9. Dimension

192 Seiten, gebunden, oranges Leseband

€ [D] 19,99 / € [A] 22,60 • ISBN 978-3-95447-694-7

Die Welt durch eine multidimensionale Linse zu sehen und das multisensorische Wesen in sich zu spüren, ist der Zweck dieser medialen Gespräche. Bereits seit der Jahrtausendwende channelt Lee Harris eine Gruppe von 88 Geistwesen. Ihre geerdeten und praktischen Lehren helfen bewussten und sensiblen Menschen zu heilen, zu gedeihen und in der Neuen Zeit ein herausragendes neues Leben zu führen. Der Beginn von etwas ganz Großem.

Die SPIEGEL-Bestsellerautorin Pavlina Klemm sagt:
»Eines der wichtigsten Medien der Neuen Zeit!«

NEU

Kerstin Simoné

THOTH & RA: DAS ENTFESSELTE HERZ

Dein Weg in die Freiheit

224 Seiten, gebunden, oranges Leseband

€ [D] 22,99 / € [A] 23,70 • ISBN 978-3-95447-609-1

Die Menschen stehen an einem Scheideweg. Ihre Gedanken und Taten führen zu Einheit oder Trennung, je nach der Frequenz des Einzelnen. Wer jetzt bewusst die Kraft seines Herzens wählt, um frei von Wertung in die Neue Zeit zu gehen, erwacht in sein vollkommenes Potenzial. Dabei hilft das Wissen um die Erd-Herz-Quell-Atmung, das Frau-Holle-Prinzip, das Licht der Sonnenfrequenz und das Egonsche Bällebad.

Dein Herz trägt die Signatur des Höchsten – nimm dein wahres Erbe an und entfessle seine Frequenz. Die Zeit des Wandels ist jetzt!

TIPP

Kerstin Simoné

THOTH: PROJEKT MENSCHHEIT – IM ALL-TAG. ARBEITSBUCH FÜR DIE JETZT-ZEIT

224 Seiten, gebunden, oranges Leseband

€ [D] 22,99 / € [A] 23,70 • ISBN 978-3-95447-416-5

Die neuen Energiestrukturen der sich verändernden Welt werden anschaulich erklärt und dabei die sieben Siegel und damit verbundenen Schöpfergötter in Übungen nahegebracht. So gelangt jeder Einzelne in sein persönliches Potenzial, das eine Neuausrichtung und die Anpassung an das neue Frequenzfeld der Erde ermöglicht.

Die lange erwartete erweiterte Neuausgabe des atlantischen Arbeitsbuches.

Erstmals bei AMRA.

BEST SELLER

Kerstin Simoné

THOTH: DAS KRISTALL-CHAKRA

Die kosmische Toröffnung der höchsten Energie in dir

256 Seiten, gebunden, oranges Leseband

€ [D] 22,99 / € [A] 23,70 • ISBN 978-3-95447-008-2

Thoth, der Schriftgelehrte unter den ägyptischen »Göttern«, später als Hermes Trismegistos inkarniert, war der Vater der verborgenen Weisheit und Astrologie sowie Entdecker der Alchemie. Er stellt ein neues Kraftzentrum des Menschen vor. Es erhöht die Schwingung des Einzelnen, was zur Vervollkommnung der DNA-Struktur führen kann.

So können wir in Einklang gelangen mit den Frequenzen der neuen Menschheitsära.

Mehr Werke von Kerstin Simoné auf www.AmraVerlag.de

Monika Cardinal

KOSMISCHES WISSEN VOM ARCTURUS

224 Seiten, gebunden, oranges Leseband

€ [D] 22,99 / € [A] 23,70 • ISBN 978-3-95447-653-4

Aria'Tara stimmt uns auf das kosmische Licht ihrer Sonne ein, aktiviert in uns die arcturianische Flamme und schenkt uns den arcturianischen Diamanten. Wir dürfen die Bibliothek des Wissens betreten und unsere Zirbeldrüse heilen, erfahren Funktion und Aufbau ihrer Lichtschiffe und erhalten zahlreiche Schulungen. Sie lehren uns, durch das Licht einer fernen Sonne unsere Heilige Geometrie zum Schwingen zu bringen.

Aria'Tara sagt: »Es ist meine Aufgabe und große Freude, dich durch dein Erwachen und dein spirituelles Wachstum zu begleiten.«

Monika Cardinal

KOSMISCHES WISSEN VON DEN PLEJADEN

224 Seiten, gebunden, oranges Leseband

€ [D] 22,99 / € [A] 23,70 • ISBN 978-3-95447-651-0

Mit ihren lichtvollen Botschaften unterstützen und begleiten uns die Plejader auf dem Weg in die neue Welt – eine Welt, in der wir unsere Verbindung zum Kosmos leben und gemeinsam eine harmonische und nachhaltige Zukunft gestalten. Sie helfen uns, die Veränderung zu bewirken, die wir in der Welt sehen wollen, bringen uns in Kontakt mit den kosmischen Vorfahren und geben uns Kraft, die aktuelle Zeit leichter zu bewältigen.

»Erlebe die Kraft und das hilfreiche Wissen der Sieben Kosmischen Schwestern!«

Monika Cardinal

KOSMISCHES WISSEN VON ANDROMEDA

224 Seiten, gebunden, oranges Leseband

€ [D] 22,99 / € [A] 23,70 • ISBN 978-3-95447-652-7

In diesem Buch erhältst du Zugang zu den Sternenwesen von Andromeda, zu Parallelwelten und höheren Dimensionen. Du lernst darin Mai'Medanaa kennen, die kosmische Schwester von Andromeda, die mit ihrer liebevollen Energie das Herz berührt, öffnet und heilt. Ihre Übungen lehren uns die Kommunikation der Neuen Zeit, die weitab von der Dualität in den hohen Energien der absoluten Liebe mit dem kosmischen Herzchakra schwingt.

Monika Cardinal unterstützt uns bei den Abläufen der Bewusstseinserweiterung in dieser Zeit.

TIPP

Patricia Cori

ATLANTIS STEIGT AUF

Der Kampf von Licht und Dunkelheit

256 Seiten, gebunden, oranges Leseband

€ [D] 22,99 / € [A] 23,70 • ISBN 978-3-95447-491-2

Wir dürfen uns jetzt erinnern! Alles, was wir gerade erleben, geschah schon einmal und führte zum Untergang von Atlantis. Wir erfahren durch die Sirianer von den vergeblichen Mühen der Anunnaki, die Erde weiter zu halten, von der Verbindung ihres Heimatplaneten Nibiru mit dem Sirius und unserer Sonne Ra. Sie zeigen, warum irdische Lichtkräfte, befreundete Aliens und die Zivilisation von Agartha in dieser Zeit zusammenarbeiten.

Kinder von Atlantis, ihr seid zurückgekehrt, um die Welt zu befreien!

NEU

Patricia Cori

WO DIE PHARAONEN WOHNEN

Der Schleier vor den Anfängen der Zivilisation zerreißt

256 Seiten, gebunden, oranges Leseband

€ [D] 23,99 / € [A] 24,70 • ISBN 978-3-95447-493-6

Was hat es mit der Auferstehung der Seele auf sich, von der alte Kulturen besessen waren? Coris Entdeckungen offenbaren neue Perspektiven auf ägyptische Mysterien, zeigen neue Zeitlinien zu den Anfängen der Zivilisation und sehr kontroverse Ideen, die diese Kulturen mit noch früheren Zivilisationen wie der von Atlantis verbinden. An Orten einstiger Inkarnationen empfängt sie Botschaften, die den Schleier der Illusionen zerreißen.

Mit über sechzig ägyptischen Abbildungen im Text!

Patricia Cori

DIE GENETISCHE MANIPULATION

BEST SELLER

Wie wir unseren göttlichen Code schützen und den Diebstahl unserer Seele verhindern

384 Seiten, gebunden, oranges Leseband

€ [D] 26,99 / € [A] 27,80 • ISBN 978-3-95447-630-5

Lassen Sie sich informieren über die neue Realität unserer Zeit, die Ereignisse im Hintergrund und all das, was getan wurde, um unsere Gesundheit zu zerstören und unsere Gesellschaftsordnung zu zerrütten. Dieses augenöffnende Buch zieht alle Register, um die dunklen Machenschaften zu entlarven, und bietet Lösungen an: wie die DNA reaktiviert werden kann, wie wir uns wehren und alle Lichtkrieger einen gemeinsamen Weg gehen können.

»Sie wollen den Gottescode hacken, um das Licht in uns zu entfernen. Doch der Mensch wird nicht entseelt!«

Mehr Bücher von Patricia Cori auf www.AmraVerlag.de

KULT BUCH

Übungs-CD erhältlich

Tom Kenyon & Judi Sion

LICHTBOTEN VOM ARCTURUS

Mitteilungen einer aufgestiegenen Zivilisation

224 Seiten, gebunden, silbernes Leseband

€ [D] 19,99 / € [A] 20,60 • ISBN 978-3-95447-144-7

Arcturianer sind schon lange unsere Wächter und Beschützer. Woher sie kommen, welche Aufgaben sie übernommen haben und wie sie uns in dieser schwierigen Zeit unterstützen, schildern hier acht von ihnen – darunter ein Arzt, ein Wissenschaftler, ein Bibliothekar der Akasha-Chroniken, ein Meditationsmeister sowie der aufgestiegene Meister Sanat Kumara.

Mit komplettem Werkverzeichnis von Tom Kenyon.

NEU

Marlies Pante

ERWACHEN DER STARSEEDS

Lichtbotschaften vom Arcturus

256 Seiten, gebunden, oranges Leseband

€ [D] 23,99 / € [A] 24,70 • ISBN 978-3-95447-527-8

»Viele von euch erwachen gerade und erinnern sich an ihre Leben in anderen Dimensionen und Universen. Seit ein paar Jahren bezeichnet ihr Menschen, die solche Erinnerungen in sich tragen, als Starseeds oder Sternensaat. In diesem Buch bringen wir euch nahe, wie ihr euch für die Botschaften der Starseed-Intelligenzen öffnet. Ihr werdet wieder wissen, was eure Lebensaufgabe ist und euch verstanden und getragen fühlen.«

Wie integrieren wir unser neues Denken und unsere neue Sicht auf die Welt? Liebesschwingungen kommen zu uns.

TIPP

Marlies Pante

DAS GROSSE ERWACHEN

Heilungsbuch der Arcturianer

240 Seiten, gebunden, oranges Leseband

€ [D] 19,99 / € [A] 20,60 • ISBN 978-3-95447-468-4

Die Arcturianer sprechen über die immer stärkere Verbundenheit der Menschen, die Bedeutung des jetzigen Moments, die Energie der Neuen Erde, die Heilung unserer Seele und unseren wahren Ursprung, das Ablegen von Manipulation, das Erschaffen unseres künftigen Selbst, die wachsende Verbindung zur Quelle, die Schönheit des Erwachens und die Unmöglichkeit für jeden Menschen, *nicht* zu erwachen.

Mit Heilungsblättern »Mein Erwachen« zum persönlichen Ausfüllen.

Mehr Bücher dieser Autoren auf www.AmraVerlag.de

NEU

Horst Krohne & Dr. Ernst Joachim Haas (Vorwort)

GEISTHEILUNG IST ANSTECKENDE GESUNDHEIT

Wie Heilung durch geistige Energie funktioniert

224 Seiten, gebunden, oranges Leseband

€ [D] 22,99 / € [A] 23,70 • ISBN 978-3-95447-558-2

Wie funktioniert eigentlich Geistheilung? Was können chronisch Kranke, spirituell Suchende und Skeptiker erwarten? Wo liegen die Chancen und natürlichen Grenzen dieser Heilarbeit? Seriös und einfühlsam schildert der Autor zahlreiche Fälle und eröffnet so neue Perspektiven auf Heilung. Es lädt dazu ein, die eigenen Heilkräfte zu entdecken und sich auf eine Reise der Selbstheilung und persönlichen Entfaltung zu begeben.

»Die durch den Heiler fließende Energie bringt einen Prozess in Gang, der die Gesundung des Klienten beschleunigt.«

BEST SELLER

Horst Krohne

DAS HAUSBUCH DER GEISTHEILUNG

Alltagsbeschwerden, Unfälle und chronische Leiden

224 Seiten, gebunden, oranges Leseband

€ [D] 22,99 / € [A] 23,70 • ISBN 978-3-95447-515-5

Soforthilfe durch Geistheilung kann jeder Mensch leisten, so Krohne. Dazu enthält dieses Buch ein A-Z mit Empfehlungen für die energetische Behandlung von knapp 200 Krankheiten und Beschwerden. Sie lernen auch Diagnoseverfahren kennen sowie Behandlungsmethoden wie Handauflegen, Chakrenausgleich und vieles mehr – erstmals sogar im Hinblick auf Unfälle.

Neu durchgesehen und überarbeitet. Mit wertvollen Illustrationen zur Anwendung der Techniken.

WICHTIG

Horst Krohne & Jürgen Fliege (Vorwort)

DIE 12 DIMENSIONEN DES LEBENS

Wie das Universum und unser Bewusstsein aufgebaut sind

208 Seiten, gebunden, oranges Leseband

€ [D] 22,99 / € [A] 23,70 • ISBN 978-3-95447-673-2

Woher kommt unser Bewusstsein, das unsere biologischen Prozesse steuert? Was ist das für ein Bewusstsein, das unsere DNA, all unsere Gene, lesen und verwalten kann? Und wie ist es möglich, dass so viele Menschen gerade jetzt die Medialität in sich finden? Anderthalb Jahre lang empfing der Autor Antworten auf diese und viele andere Fragen zur aktuellen Zeit von seinem persönlichen Geistführer Lehmann.

»Soll ich Lehmann einen Engel nennen? Er bringt uns tiefe und ergreifende Botschaften.« ~ *Jürgen Fliege*

Mehr Bücher von Horst Krohne auf www.AmraVerlag.de

Kabir Jaffe, Ritama Davidson, Margaretha Bessel, Christiane Becht
DEINE ENERGIE IN AKTION!
»Energy Balancing« fürs tägliche Leben
304 Seiten, illustriert, mit Zusatzfarbe
Amra Paperback XXL
€ [D] 29,99 / € [A] 30,90
ISBN 978-3-939373-85-8

Was geht wirklich vor sich, wenn wir sagen, jemand sei offen oder verschlossen, die »Chemie« stimme nicht oder eine Person »sauge« uns aus? Was geschieht, wenn wir miteinander sprechen, und warum sind wir manchmal nicht »bei uns«? Wir bilden uns diese Dinge nicht ein – wir nehmen die subtile Welt machtvoller Energien wahr!

Heilmusik von Michael Reimann

Herzöffnung [Solfeggio 639 Hertz]
Liebe manifestieren; Booklet von Pavlina Klemm
77 Min.; € [D/A] 19,99 • ISBN 978-3-95447-689-3

Freude [Solfeggio 396 Hertz]
Ängste loslassen; Booklet von Pavlina Klemm
76 Min.; € [D/A] 19,99 • ISBN 978-3-95447-686-2

Channeling [Solfeggio 852 Hertz]
Anbindung finden; Booklet von Pavlina Klemm
79 Min.; € [D/A] 19,99 • ISBN 978-3-95447-691-6

Leber-Aktivierung [Solfeggio 528 Hertz]
Mit der Organfrequenz; Booklet von Pavlina Klemm
74 Min.; € [D/A] 19,99 • ISBN 978-3-95447-498-1

DNA-Aktivierung [Solfeggio 528 Hertz]
Heilung der Zellen; Booklet von Jeanne Ruland
80 Min.; € [D/A] 19,99 • ISBN 978-3-95447-347-2

Chakren-Aktivierung [8 x Solfeggio]
Reinigung & Stärkung; Booklet von Pavlina Klemm
78 Min.; € [D/A] 19,99 • ISBN 978-3-95447-370-0

Schungit [Solfeggio 528 Hertz]
Mit der Mineralfrequenz & Infos zur Heilwirkung
74 Min.; € [D/A] 19,99 • ISBN 978-3-95447-498-1

Heilmusik für Tiere [Engelfrequenz 444 Hertz]
Harmonie & Selbstheilung; Booklet von Bianca Sommer
74 Min.; € [D/A] 19,99 • ISBN 978-3-95447-498-1

Downloads und mehr Frequenz-CDs auf www.AmraVerlag.de

Maike Maja Nowak

OHNE SCHULD – Die ganze Geschichte

BEST SELLER

240 Seiten, gebunden, oranges Leseband

€ [D] 19,99 / € [A] 20,60 • ISBN 978-3-95447-483-7

Mit großer poetischer Kraft und tiefem Mitgefühl beschreibt die Autorin ein knappes Jahr im Leben der zehnjährigen Mascha und ihres jungen Hundes Tinkapur, das sich zum Thriller einer Kindheit entwickelt. Mutig beleuchtet die Autorin den Kreislauf, der über Generationen hinweg stattfindet, wenn innere Verletzungen in der Familie nicht integriert und nur überlebt werden. »Es braucht einen, der abspringt, um das Familienkarussell von außen zu sehen.«

Neues Buch der TV-bekannten »Hundeflüsterin« und SPIEGEL-Bestseller-Autorin!

NEU

Daniel Mitel

MIT DEM HERZEN HEILEN

Die vergessene Bildsprache des Herzens

304 Seiten, gebunden, oranges Leseband

€ [D] 24,99 / € [A] 25,70 • ISBN 978-3-95447-339-7

Das vorliegende Buch versammelt zwei große spirituelle Werke, *This Now Is Eternity* und *Heart Imagery*, in denen der Autor die Bildsprache des Herzens erklärt, angeleitet von Meistern der alten Zeit, die ihm auf seinen Reisen viele Übungen vermittelt haben. Sprich mit deinem Herzen! Sprich durch dein Herz! Nutze das Energiefeld deines Herzens für tiefgreifende Veränderungen!

Meister Drunvalo Melchizedek sagt: »Jeder sollte dieses Buch lesen!«

BEST SELLER

Drunvalo Melchizedek & Daniel Mitel

LEBE IM LICHT DEINES HERZENS

Übungs-CD erhältlich

Meditative Zugänge in den heiligen Raum

208 Seiten, gebunden, oranges Leseband

€ [D] 19,99 / € [A] 20,60 • ISBN 978-3-95447-343-4

Begib dich in dein Herz. Niemals in der Geschichte der Menschheit war es wichtiger als heute, sich auf die Reise ins Herz einzulassen und aus dem Herzen zu leben. Methoden, die über Jahrtausende hinweg eingesetzt wurden, machen es möglich – auch im emsigen Treiben unserer Zeit und ohne Lehrmeister. Dazu muss man nicht in den Himalaya oder nach Tibet reisen. Du hast die Macht und die Fähigkeit, überall im Licht deines Herzens zu leben.

Zwei große Meister der Meditation weisen den Weg.

WICHTIG

Marlene Jane Evans

ZECHARIA SITCHIN und der außerirdische Ursprung des Menschen

Erschaffung der Erdlinge, Kriege der Götter und Menschen Liebesleben und Stammbaum der Anunnaki

256 Seiten, gebunden, oranges Leseband

€ [D] 24,99 / € [A] 25,70 • ISBN 978-3-95447-329-8

Sitchin ist der Begründer der Anunnaki-Forschung. Durch ihn wissen wir von den Aliens, die im heutigen Irak landeten und den modernen Menschen erschufen. Die Autorin untersucht seine Aussagen über ihre Raumfahrttechnologie, die Abstammung der riesigen Nefilim, enthüllt Details über Liebe und Lust bei Anu, Enlil und Enki. Sie zeigt, wie wir dies geerbt haben – und den Einsatz von Krieg zur Problemlösung.

»Sitchins komplettes Werk in einem einzigartigen Buch zusammengefasst!« ~ *John L. Petersen*

BEST SELLER

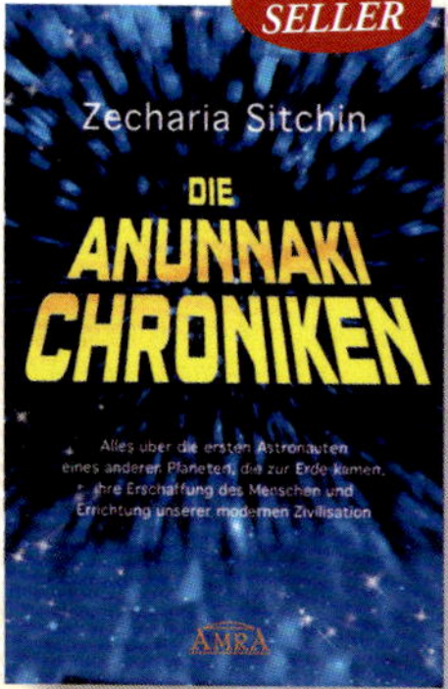

Zecharia Sitchin

DIE ANUNNAKI CHRONIKEN

So kam es zum Aufbau unserer modernen Zivilisation

392 Seiten, gebunden, oranges Leseband

€ [D] 24,99 / € [A] 25,70 • ISBN 978-3-95447-243-7

Der zwölfte Planet, unsere plötzlich entstandene Hochkultur, UFOs, Eingriffe in unsere DNA, Pyramidenkriege, Riesen auf der Erde und vieles mehr – ein vollständiger Überblick über Sitchins Theorien, die Zusammenfassung seiner jahrzehntelangen Forschung und all seiner Bücher über das Wirken der Anunnaki auf der Erde, ergänzt durch bisher unveröffentlichte Zeitungsartikel und Vorträge.

Das definitive Handbuch – die deutsche Ausgabe.

Amazon-Bestseller in den USA!

BEST SELLER

Gerald R. Clark

DIE ANUNNAKI

Vergessene Schöpfer der Menschheit

232 Seiten, gebunden, oranges Leseband

€ [D] 19,99 / € [A] 20,60 • ISBN 978-3-95447-191-1

Der Mensch wurde genetisch für den Abbau von Gold erschaffen – vor mehreren hunderttausend Jahren in Südafrika. Seine Schöpfer sind die vom Planeten Nibiru stammenden Anunnaki, die wir aus der Bibel als Elohim kennen und die in Sumer als Götter verehrt wurden. Unsere Konditionierung als Sklaven wird noch heute missbraucht.

»Clark hat Informationen zusammengetragen wie niemand vor ihm. Ich kann dieses Werk nur empfehlen.« ~ *Leser*

Mehr Bücher über die Anunnaki auf www.AmraVerlag.de

Ernst Muldashev

DAS DRITTE AUGE und der Ursprung der Menschheit

Spektakuläre Erkenntnisse zur Herkunft unserer Zivilisation

432 Seiten, gebunden, oranges Leseband

€ [D] 24,99 / € [A] 25,70 • ISBN 978-3-95447-308-3

Eine Analyse der auf tibetischen Tempeln abgebildeten Augen mit anschließender Himalaya-Expedition führte zu diesem Werk, das die bisherige Auffassung vom Ursprung der Menschheit ins Wanken geraten lässt. Es erklärt ihre Migrationswege, ihre Abstammung von Lemurern und Atlantern und wie meditierende Vertreter früherer Zivilisationen und der unseren gemeinsam einen Genpool bilden, der das Menschheitswissen für Katastrophenzeiten bewahrt.

Das Kultbuch – endlich wieder erhältlich.

Steven M. Greer & Steve Alten

OFFIZIELL GELEUGNET! [»Unacknowledged«]

Der New York Times Bestseller zum Netflix-Blockbuster

416 Seiten, gebunden, oranges Leseband

€ [D] 26,99 / € [A] 27,80 • ISBN 978-3-95447-363-2

UFOs sind real. Wir stehen in Kontakt mit Aliens. Freie Energie und Antischwerkraft-Technologie sind im Einsatz. Dr. Greer stellt Dokumente vor, die US-Präsidenten, CIA-Direktoren und Kongressmitgliedern vorgelegt wurden: Multinationale Konzerne betreiben mit Alien-Technologie Billionengeschäfte und demontieren die Welt.

Mit Aussagen von Zeugen der Sicherheitsstufe »Cosmic Secret«, 38 Stufen höher als »Top Secret«.

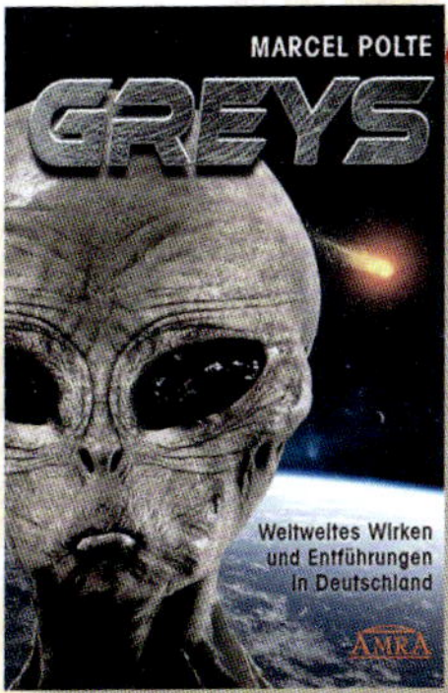

TIPP

Marcel Polte

GREYS – erweiterte Neuausgabe!

Weltweites Wirken und Entführungen in Deutschland

256 Seiten, gebunden, oranges Leseband

€ [D] 22,99 / € [A] 23,70 • ISBN 978-3-95447-259-8

Tausende von Entführungsfällen durch Greys wurden in den USA bereits untersucht. Der promovierte Jurist Marcel Polte, auch als Heilpraktiker und Hypnosecoach tätig, gleicht sie mit Material der US-Geheimdienste ab, das durch den Freedom of Information Act jetzt freigegeben werden musste. Seine Erhebungen für Deutschland belegen den weltweiten Plan: Eine hybride Mensch-ET-Spezies soll die Herrschaft über die Welt antreten.

Vorworte von Kathleen Marden und Robert Fleischer.

Len Kasten

DIE GEHEIME WELTHERRSCHAFT DER REPTILOIDEN

Ihr Ursprung, ihr Sternenreich und ihr Wirken auf unserer Erde

400 Seiten, gebunden, oranges Leseband

€ [D] 24,99 / € [A] 25,70 • ISBN 978-3-95447-319-9

Angefangen bei ihrer ersten Kolonisierung der Erde bis zur Infiltration der großen Regierungen in heutiger Zeit, schildert Len Kasten, wie die Reptiloiden durch raffinierte Intrigen die Menschheit versklavten. Ihre Rolle im Nazi-Deutschland und bei den US-Geheimdiensten wird ebenso beleuchtet wie die Unterstützung der Illuminaten, ihrer menschlichen Verbündeten an den Schaltstellen der Macht.

Das erste umfassende Enthüllungswerk.

Jason Quitt & Bob Mitchell

VERBOTENES WISSEN

Warum unsere Welt ganz anders ist, als wir glauben

336 Seiten, gebunden, Leseband

€ [D] 22,99 / € [A] 23,70 € • ISBN 978-3-95447-285-7

Begegnungen mit Thoth und den Greys, ägyptische Schlangengötter, ein Galaktischer Krieg, lebende Kristalle und Nikola Tesla ... Der Autor, ein multidimensionaler Zeitreisender, zeigt, dass unsere Welt nicht so ist, wie man uns weismachen will. Denn unser Bewusstsein erhöht sich und lässt uns hinter den Schleier der künstlichen Realität blicken. Wir erinnern uns an unsere Gaben und unseren Platz im Universum.

»Eine unglaubliche Reise durch die unsichtbaren Welten und uns umgebenden Kräfte.«

~ Len Kasten

David M. Jacobs

ALIEN-HYBRIDEN! Sie sind mitten unter uns

Der Plan der Außerirdischen, die Menschheit zu unterwerfen

304 Seiten, gebunden, oranges Leseband

€ [D] 22,99 / € [A] 23,70 • ISBN 978-3-95447-261-1

Alien-Hybriden haben sich unter uns gemischt. Um in unserer Gesellschaft nicht aufzufallen, werden sie von entführten Menschen unterrichtet. Jacobs, namhafter US-Historiker und führender Experte für Entführungen durch Aliens, offenbart hier erstmals, wie die Integration der Aliens stattfindet, welche Strategie verwendet wird und welche Mittel eingesetzt werden. Und er gibt mögliche Antworten, was die Aliens mit diesem Vorgehen genau bezwecken.

Viele Beweise und ein Höchstmaß an akademischer Sorgfalt.

Mehr Bücher dieser Autoren auf www.AmraVerlag.de

William Mills Tompkins

AUSERWÄHLT VON AUSSERIRDISCHEN

Mein Leben in der streng geheimen Welt von UFOs, Think Tanks und Nordischen Sekretärinnen

512 Seiten, gebunden, oranges Leseband

€ [D] 28,99 / € [A] 29,80 • ISBN 978-3-95447-521-6

In seiner Eigenschaft als Konstruktionszeichner entwarf Tompkins bis in die 1960er Jahre hinein kilometerlange interplanetarische Raumschiffe für Geheime Weltraumprogramme. Erstmals berichtet er, welchen Umgang er dabei mit der NASA, deren Geheimnissen und mit Aliens hatte, jenen Nordischen, die auch heute wieder den positiven Kräften der »White Hats« auf der Erde helfen.

»Unfassbar, woran er im Zusammenhang mit UFOs arbeitete!«
Aus dem Vorwort von Dr.-Ing. Robert M. Wood

Michael E. Salla

GALAKTISCHE FÖDERATIONEN & KOSMISCHE RÄTE

Ein brutaler Zeitkrieg ist im Gange, aber die Menschheit wird sich der galaktischen Gemeinschaft anschließen

384 Seiten, gebunden, oranges Leseband

€ [D] 26,99 / € [A] 27,80 € • ISBN 978-3-95447-644-2

Die Erde ist zum Epizentrum eines Zeitkriegs geworden, in den eine galaktische Tyrannei verwickelt war, deren Ursprünge eine geheime Vereinbarung zwischen Nazi-Deutschland und den Drako-Reptiloiden bildet. Dies führte zur Gründung einer abtrünnigen deutschen Kolonie in der Antarktis, aus der die ruchlose Dunkle Flotte hervorging, die sich den Drakos anschloss. Jetzt erleben wir die Endphase des Zeitkriegs.

Die Wahrheit über die galaktischen Gruppen kommt ans Licht.
Mit exklusiven Beiträgen
von Elena Danaan.

Michael E. Salla

ANTARKTIS – Die verbotene Wahrheit

Sklavenarbeit für transnationale Konzerne und außerirdische Flüchtlingskolonie

432 Seiten, gebunden, oranges Leseband

€ [D] 26,99 / € [A] 27,80 • ISBN 978-3-95447-395-3

Trump enthüllte kürzlich die Existenz einer U.S. Space Force, Macron erklärte, eine französische Weltraumflotte sei jetzt in Planung. Tatsächlich arbeiten in der Antarktis bereits seit 1955 Unternehmen des US-Militärs und internationale Konzerne an diesem Projekt – unter Nutzung von Sklavenarbeit. Und all dies geschah von Anfang an unter Mitwirkung von Aliens.

Die wahre Geschichte der Antarktis.

Mehr Bücher von Michael E. Salla auf www.AmraVerlag.de

TIPP

Michael Reimann & Pavlina Klemm
Kolloidales Germanium [Rife & Solfeggio]
Zellregeneration und Stärkung des Immunsystems
79 Minuten Reiner Klang, Jewelcase, Anleitungen der SPIEGEL-Bestsellerautorin im 8-Seiten-Booklet
€ [D/A] 19,99 • ISBN 978-3-95447-680-0

Diese Musik arbeitet mit der Schwingungsfrequenz von organischem Germanium, die jede noch so kleine Zelle im menschlichen Organismus erreicht. Das ist vergleichbar mit der Wirkung feinster Partikel von kolloidalem Germanium. Es stärkt das Immunsystem, wirkt antiviral, schmerzlindernd, entzündungshemmend und hilft, laut alternativen Studien, Tumore abzubauen. Die verwendeten Frequenzen gehen in Resonanz mit dem natürlichen Germaniumanteil im Körper – durch wundervolle Klänge, die Ruhe und Harmonie bringen!

Insgesamt sind bisher neun CDs in der sehr erfolgreichen Reihe der *Kolloidalen Elemente* von Michael Reimann erschienen: *Gold, Silber, Kupfer, Zink, Platin, Eisen, Magnesium, Silizium* und *Germanium.* Alle enthalten wundervoll entspannende Kompositionen und Meditationsanleitungen im Booklet. Informieren Sie sich auf www.AmraVerlag.de.

Bestell-Hotline: +49 (0) 6181–189392
Service: Info@AmraVerlag.de
Deutschland & Österreich ab 18 € versandkostenfrei!

AMRA Verlag
Inh. Michael Nagula
Auf der Reitbahn 8
D-63452 Hanau
Fon +49 (0) 6181-18 93 92
Fax +49 (0) 6181-18 93 91
eMail: Info@AmraVerlag.de
www.amraverlag.de

Verlagsauslieferungen

Deutschland & Österreich:
PROLIT Verlagsauslieferung GmbH
Siemensstraße 16
D-35463 Fernwald-Annerod
Fon +49 (0) 641-943 93 202
Fax +49 (0) 641-943 93 89
eMail: a.roskosch@prolit.de

Schweiz:
Dessauer
Fon +41 (0) 44-466 96 96
Fax +41 (0) 44-466 96 69
eMail: dessauer@dessauer.ch
www.dessauer.ch

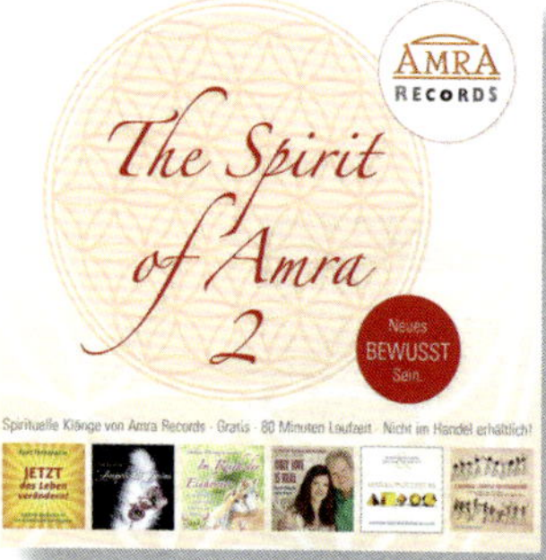

Auf Wunsch legen wir Ihrer Bestellung gern unsere beliebte Gratis-CD bei: *The Spirit of Amra 2.* Sie enthält 16 ungekürzte Songs aus unserem CD-Programm mit *80 Minuten Laufzeit* und ist *nicht* im Handel erhältlich. Als kleines Dankeschön – exklusiv für Sie!

V1-25

Preisänderungen vorbehalten; auch Buchumfänge und Erscheinungsdaten müssen nicht endgültig sein.

Dann gibt es die nächste Gruppe Menschen, die im Energiefeld der Aggressivität handelt und im Sex nur Übermacht und Unterwerfung anderer Personen sieht.

Es ist leider so: Nur wenige von euch handeln nach den kosmischen Gesetzen.

Dabei galt Sexualität euch am Anbeginn eures Seins als ein Ausdruck von Schönheit, Ästhetik und himmlischen Gefühlen der menschlichen Psyche, sie diente der menschlichen Verschmelzung. In einer Zeit, in der ihr noch alle DNA-Stränge besaßt, war sexuelle Verschmelzung für euch vor allem eine Verschmelzung des Geistes, eurer Energiekörper, eurer Höheren Ichs und führte zu einer vollkommenen Verbindung von euch Menschen. Frauen haben damals selbst entschieden, ob sie die neue Seele eines zukünftigen Nachkommens annehmen oder nicht. Frauen konnten die Zukunft ihres Geschlechts und die Zukunft ihrer selbst und ihrer Familie planen.

Beim Geschlechtsakt haben sich die Paare an die sexuelle Energie der universellen Energie angebunden. Sie haben den Orgasmus in erster Linie durch den Geist und durch die absolute Verbindung mit allem erlebt. Diese heilende Lust ist euch aber durch dunkle Mächte genommen worden. Sie haben die DNA-Stränge entfernt und euch eure wundervolle sexuelle Energie genommen, die ihr nun nicht mehr besitzt – und ihr ahnt nicht, welche Lust euch eure Verbindung eigentlich bringen sollte.

Die Kirche hat sich eingemischt und angefangen, den Menschen zu predigen. Sie hat angefangen zu predigen, dass Sex etwas Unzulässiges sei. Sex sei nur dafür da, dass Kinder gezeugt werden, nicht mehr und nicht weniger. Sie hat auf Sünderfrauen gedeutet, wenn man herausfand, dass eine Frau schwanger war oder außerhalb der Ehe ein Verhältnis mit einem Mann hatte. Frauen hatten dadurch über Jahrtausende hinweg sehr schlechte Karten in der Hand.

Männer durften alles. Männer haben entschieden, wie viele Kinder »ihre« Frau gebärt, und Männer haben über »ihre« Frau und ihr Leben entschieden (noch heute ist diese Ansicht leider nicht überwunden).

Sexualität ist für viele zu etwas Verbotenem, Sündhaftem geworden, für andere ein Adrenalinsport, der mit Liebe und Verbundenheit nichts zu tun hat. Euer Pornogewerbe und seine Energiefelder beruhen auf dem Geschäft mit dem Körper, der Geist spielt darin keine oder keine wesentliche Rolle. Ganze Gesellschaften folgen geschmacklosen, widerlichen Regeln wie der Beschneidung. Im Namen der Spiritualität.

Und es werden Milliarden umgesetzt mit der Prostitution von Kindern!

Sexualität hat durch die damit verbundene Gewalt eine falsche Richtung eingeschlagen. Eure neue Generation ist verwirrt. Eure Kinder, die rein zur Welt kommen, werden mit diesen Energien »angesteckt«, in dieses Spiel und dieses ungesunde Bewusstsein hineingezogen. Es herrscht Genuss an der Gewalt!

Und so ist eure Gesellschaft romantischen und harmonierenden Paaren überall auf dem Planeten nicht besonders gewogen. Die meisten Paare denken, dass sich Sex auf eine Art und Weise abspielen muss, wie man sie im Fernsehen beobachten kann, und verstehen nicht, dass es um etwas komplett anderes geht.

∞

Die *Verschmelzung eurer Seelen* bringt euch in sexuelle Ekstase. Eure Seele sollte sich dessen bewusst sein.

Nehmt mehr wahr. Arbeitet an der absoluten Reinigung eures Herzens und stimmt euch auf die universelle Energie ein, die absolute Wonne für harmonierende Seelen sowie physische und ätherische Körper beinhaltet.

Es wird noch einige Zeit dauern, bis euer Körper wieder alle Stränge aufweist. Ihr könnt euch aber jetzt schon an die wundervolle sexuelle Energie anbinden, die in eure Beziehung mit eurem Partner einen unerwarteten und himmlischen Genuss der Verschmelzung bringt.

Eine Verschmelzung von Seele und Körper.

Eure geometrische Signatur wird dadurch um einige Stufen angehoben.

Die sexuelle Energie wird aufgrund der kirchlichen Gesetze häufig von euch zur Seite geschoben, in die Ecke gedrängt, obwohl es notwendig ist, diese großartige, belebende Energie zu durchleben. Euer Körper wird durch hormonelle und Ausscheidungsprozesse gesteuert. Ihr solltet eure Hormone und eure sexuelle Energie wieder auf natürliche Art aktivieren, damit euer Körper auf *allen* Ebenen gesund wird.

Eine gesunde und natürliche Sexualität gehört zu euch Menschen. Sie wurde euch, den menschlichen Wesen, mit in die Wiege gelegt. Die Inkarnation auf den Planeten Erde sollte euch Freude bereiten und damit auch das Erleben einer wunderschönen sexuellen Energie durch das Anbinden an ihre natürliche Quelle des Universums. Ihr solltet mit dieser Quelle verbunden sein, damit eure Energiekörper und Chakren den physischen Körper richtig nähren können.

Alles hängt mit allem zusammen.

Die meisten anderen Zivilisationen kosmischer Familien sind an sehr unterschiedliche Energien des Zeugens von Kindern und des Erlebens von Verbundenheit angebunden. Genau das macht eure menschliche Gesellschaft so einzigartig und schön.

Wenn ihr euch schon entschieden habt, in menschlicher Form auf den Planeten Erde zu inkarnieren, solltet ihr diese Inkarnation auch auf natürliche Art und Weise in vollen Zügen und in Anbindung an die kosmische sexuelle Kraft erleben!

∞

Die junge Generation, die auf den Planeten Erde gekommen ist und gerade als bewusste und die kosmischen Gesetze verstehende Wesen heranwächst, trägt das Bewusstsein der fünften Bewusstseinsdimension in sich. Sie trägt das Begreifen der Gesellschaft als solcher in sich, und sie trägt das Verständnis der sexuellen Energie und ihres wahren Erlebens in sich. Die neue Generation ist deshalb gekommen, um euch allen zu helfen, eure Gesamtsituation der Menschheit zu verstehen.

In ihr gibt es sehr viele »alte« Seelen, die das Bewusstsein der Gesetze von Atlantis und eures Beginns des Lebens auf dem Planeten Erde in sich tragen. Unter dem Einfluss der herrschenden Dualität werden sie euch einen neuen Weg weisen. Viele junge Männer sind darunter, die Elemente der natürlichen weiblichen Energie aufweisen.

In allen Ebenen des Seins und des Lebens wird sich die männliche und weibliche Energie ausgleichen. Dadurch entsteht wieder ein Gleichgewicht – durch diesen Ausgleich der Kräfte männlicher und weiblicher Komponenten.

Zarter und verständnisvoller werden die Personen männlichen Geschlechts gegenüber dem weiblichen Geschlecht sein. Ihnen ist klar, dass sie dadurch nichts von ihrer Männlichkeit verlieren. So wird diese Dualität ausgeglichen werden.

Der natürliche Ausgleich der männlichen und weiblichen Komponenten bringt eurer Population Erleichterung. Die neue, bereits auf den Planeten inkarnierte Generation und die zukünftige Generation neuer Seelen des dualen Systems werden anderen menschlichen Wesen ein Vorbild sein und neue genetische Informationen des dualen Systems zukünftiger menschlicher Wesen weitergeben.

Der duale Ausgleich ist ein absolut notwendiger Prozess. Die Seelen der jungen neuen Generation haben sich entschieden, gemeinsam auf die Erde hinabzusteigen, es sind ganze Gruppierungen. Sie haben sich entschieden, dass sie anderen ein Beispiel sein und ihnen helfen wollen. Wahrscheinlich gehört auch ihr zu ihnen.

UND DESHALB SEID IHR HIER.

Gleicht die männlichen und weiblichen Elemente in eurer Person aus und findet Erleichterung für euer Leben. Verbindet euch mit der ursprünglichen sexuellen Energie des dualen Systems der universellen Energie und findet eure wahre Essenz.

Übung

Verbindung mit der positiven sexuellen Energie des Universums

Setze dich aufrecht hin, halte deine Wirbelsäule gerade und bereit für die kommenden Informationen aus dem Universum.

Verbinde dich mit uns, verbinde dich durch die Kraft der göttlichen universellen Intelligenz. (Durch die Anbindung an uns wird deine Absicht effektiver, und die Verbindung lässt alles leichter und schneller geschehen.)

Deine Wirbelsäule strahlt in goldener Farbe, deine Chakren strahlen und verbinden sich über ihre Frequenz mit den Farben der kosmischen Energie. Lass all deine Chakren vom unteren Ende der Wirbelsäule nach oben bewusst durchstrahlen und sich mit den farbigen Spektren verbinden. Beginne mit dem Wurzelchakra, dann lass das Sakralchakra folgen, den Solarplexus, das Herz- und das Halschakra, die Ohrenchakren, das Dritte Auge und ende mit dem Kronenchakra.

Über deinem Kopf befinden sich die fünf lichtvollen Hauptchakren deiner Aura.

Lass auch sie durchleuchten und binde dich bewusst an das farbige Spektrum des Universums an.

Dein physischer Körper strahlt, deine Chakren und die Lichtchakren schwingen wunderschön und verschmelzen mit der Lichtenergie der kosmischen Intelligenz.

Nun lass über dein oberes Wirbelsäulenende die Energie der männlichen und der weiblichen kosmischen Energie eintreten. Bitte um Hilfe und um die Erfüllung deiner Bitte. Diese beiden Energien durchlaufen deine Wirbelsäule und bilden die Form einer Doppelhelix. Sie durchdringen deine gesamte Wirbelsäule.

Jetzt lass, sobald dieser Prozess beendet ist, durch dein Kronen- und dein Sakralchakra die wundervolle sexuelle kosmische Energie eintreten.

Sprich:

»Wissentlich und bewusst bin ich mit der männlichen und weiblichen Energie des Universums verbunden. Beide Komponenten verschmelzen in meinem Wesen.

Ich verbinde mich bewusst mit der positiven sexuellen Energie der universellen kosmischen Kraft.

Ich bin bereit, die neue geometrische Signatur zu empfangen, die mir hilft, meine Sexualität auf natürliche Art und Weise zu erleben und zu verstehen, und mir den Horizont öffnet, um mit meinem Partner/meiner Partnerin mit allen Sinnen zu verschmelzen und mit dem Universum verbunden zu sein.«

Lass uns bitte einige Minuten lang wirken. Wir übergeben dir für dein spirituelles Wachstum auf allen Ebenen deines Seins neue geometrische Symbole.

Die Lichtpyramide über deinem Kopf dreht sich nach rechts und empfängt positive Signale des Universums.

Wir danken dir!

Verunreinigung des Planeten und die Botschaft der Kornkreise

Genau so beschwerlich, wie es ist, die Bewohner eures Planeten zu überzeugen, ihr Verhalten zu ändern und sich nicht in die Energiefelder der Aggressivität und des Negativen ziehen zu lassen, so beschwerlich ist es, eure Bewohner zu überzeugen, ihren Planeten zu schützen.

Dieses riesige negative Thema ist für euch wie für uns gleichermaßen belastend, es belastet das gesamte Naturreich und die Seele Gaia eures Planeten Erde.

Viele menschliche Wesen sind nicht in der Lage, sich die Auswirkungen ihres Verhaltens auszumalen.

Ihr Verhalten ist absolut unzulässig, sie schaden sich selbst und auch anderen.

Sie können sich nicht ausmalen, dass sie ihr Zuhause, ihre wunderschöne Natur verwüsten. Würden alle so handeln, würde auf dem Planeten nichts mehr übrig bleiben.

∞

Sehr viele menschliche Wesen haben schon Aktivitäten entfaltet und angefangen, richtig und tatkräftig zu handeln. Jede Aktivität, und sei sie noch so klein, hilft eurem Planeten, eurer Heimat. Dabei sollte jeder bei sich selbst beginnen und lernen, nach den Gesetzen der Natur zu handeln.

Wie schön eure Natur war, als wir euch auf den Planeten Erde umgesiedelt haben. Schön, rein, unberührt. Sie hat auf euch gewartet, euch aufgenommen. Die Seele Gaia war einverstanden und hat euch erlaubt, auf ihren Planeten zu ziehen, und später auch, dort zu inkarnieren. Die Wasserreiche und die reine Luft haben einem mit ihrer Reinheit und Schönheit den Atem verschlagen. Wälder, Wiesen und Felder waren von Leben unterschiedlichster Art und äußerster Vielfalt geradezu übersät. Ihr habt eure neue Heimat sehr geschätzt, ihr habt die Natur nicht übermäßig durch eure Bedürfnisse belastet. Ihr konntet eure Gedanken hervorragend manifestieren, und dadurch hat es euch nie an etwas gemangelt.

Nach einer chaotischen Zeit voller Turbulenz, die durch dunkle Mächte verursacht worden war, hat das Verhalten der menschlichen Einzelwesen, in denen die dunklen Mächte inkarniert waren, auf die Gesundheit eures Planeten geschlagen.

Habgierige und eigennützige Mächte haben auf die Natur nicht wie auf die eigene Heimat geachtet. Sie haben sich bemüht, aus diesem Planeten herauszuholen, was nur ging. Sie wollten seine Ressourcen haben.

In vielen Teilen des Globus ist es ihnen tatsächlich bereits gelungen. Die ganzen Erdgas- und Erdölvorkommen sind schon fast bis zum letzten Rest erschöpft. Die Natur wurde für die Futtermittelindustrie zum Züchten von Schlachttieren verwüstet (wie absurd für uns!).

Die Ozeane sind mit Abfällen und schmutzigen Unterwasserströmungen verseucht, die das Gift vom Festland aufnehmen und sich in die Ozeane ergießen. Die Luft könnte man in bestimmten Metropolen schneiden, so verunreinigt und verpestet ist sie dort. Abgase von Autos, Ausdünstungen von Fabriken und Elektrizitätswerken. Das Verbrennen von Heizöl und anderen Brennstoffen im Haushalt trägt ebenfalls zur Verunreinigung bei.

Finanzen beherrschen die Welt – und so sieht sie jetzt auch aus. Ihr kauft Waren ein, die um die halbe Welt transportiert worden sind, und denkt nicht einmal darüber nach. Warum kauft ihr diese Ware? Warum sagt ihr nicht: »Es reicht!«, und fangt beispielsweise an, pflanzliche Produkte zu kaufen, die in eurem Heimatland gewachsen sind? Eure Körper tragen eine genetische Ausstattung, die euch genau wissen lässt, in welche Gegend ihr gehört, und euer Körper weiß genau, was ihm gut tut. Ihr müsst keine unreife Ananas kaufen, wenn euch beispielsweise als Europäer Obst und Gemüse der heimischen Art genügen.

Ihr müsst dem Ganzen ein Ende bereiten. Die Unlogik und Absurdität – die finanzielle Ausbeutung durch Geschäfte mit solchen Waren – haben die Grenze des Erträglichen überschritten – und die Grenze der Geduld der Erdenseele Gaia. Eure Gaia, euer wunderschönes Wesen, das über eure Erde wacht und sie beschützt, verliert an Kraft und nimmt mit Dankbarkeit jedes Geschenk in Form von aktiver Hilfe für ihre Natur und ihr Reich auf.

ES IST NÖTIG, SICH DAS BEWUSST ZU MACHEN!

Besonders Stadtbewohner, die in Städten geboren wurden, verlieren buchstäblich »den Boden unter den Füßen«. Sie verlieren den gesunden Zugang zur Natur und praktisch auch zu sich selbst *und zu allem.*

Die Natur gibt euch gesunde und lebensnotwendige Frequenzen, ohne die der Mensch nicht leben kann. Jedes menschliche Wesen trägt in seiner Essenz die Verbindung zur Natur, zu ihrer Seele Goia und zu ihrer Schönheit.

Menschen, die den Kontakt zur Natur verloren haben, sind nicht in der Lage, nach den natürlichen Gesetzen zu leben, und damit auch nicht nach den Regeln des Körpers. Eure Körper sind genau auf die kosmischen Gesetze ausgerichtet, auf die Mond- und Sonnenenergien und auf die geometrische Signatur der Erde.

Eigentlich solltet ihr alle über eure Matrix mit der Erde verbunden sein und genau mit ihr übereinstimmen. Ihr gehört zum galaktischen Gebilde der Milchstraße, und nach ihren Gesetzen verhalten sich eure Körper auch.

Eure Körper und eure Seele haben diese Verbindung nicht vergessen und versuchen mit allen Mitteln, sie aufrechtzuerhalten. Wenn die Verbindung auf alle möglichen Arten immer wieder getrennt wird, verliert sich die Matrix des Körpers und seine Anbindung an die Erde. Es kommt zu Krankheiten verschiedensten Ursprungs, und ihre Heilung ist fast unmöglich. Wie gesagt, ihr habt »den Boden unter den Füßen verloren«.

Ihr seht selbst, wie viele menschliche Gesellschaftssysteme euch belasten und wie viele menschliche Systeme euch geradezu töten.

Wir, die plejadische Gemeinschaft, beobachten dies und wissen, dass ihr ohne unsere Hilfe nicht auskommt. Wir wollen euch nicht verfallen und absolut zusammenbrechen sehen. Wir wollen eure menschliche Gesellschaft erhalten.

Deshalb reisen wir regelmäßig zu euch und reinigen eure Luft und eure Ozeane.

Man kann gar nicht mehr zählen, wie oft wir bereits über eurem Planeten aufgetaucht sind.

Während eurer letzten Ära waren wir wirklich sehr häufig bei euch und haben euch unterstützt. Wir versuchen ständig, Botschaften weiterzugeben und Ratschläge, aber auch auf konkrete Weise aktiv Hilfe zu leisten.

Der kosmische Lichtrat macht sich um den Planeten Erde und seine Bewohner Sorgen, deshalb schickt er uns immerzu an die Erdoberfläche und lässt uns helfen.

∞

Die Kornkreise sind einer der physischen Beweise, dass wir eure Erde regelmäßig besuchen. Eure Wissenschaftler erforschen den Grund für diese »Phänomene«, wie ihr es nennt, doch ist es ihnen bisher nicht gelungen, hinter das zu kommen, was sie ein Geheimnis nennen. Diese Kreise gehören zu eurer lichtvollen Signatur, die wir euch verstehenden Menschen zu übergeben versuchen.

Beginnt ihr das Wesentliche zu begreifen? Wir arbeiten an euch durch diese geometrischen Kreise. Die in den Feldern auf verschiedenen Bodenarten eingeprägten Kreise bringen die Signatur tief in die Erde. Es werden noch viel mehr Kreise und Botschaften entstehen, damit sich eure Erde wieder mit der Signatur der Menschen verbinden und sie dadurch ihre Ganzheit wiedererlangen kann.

Viele Kornkreise sind auch Träger verschiedenster Botschaften. Das Ziel aller ist aber eine einzige Botschaft: der Schutz der Natur, der Schutz ihrer Lichtsprache und die Anbindung eurer Erdkugel an die Gesetze des Universums.

Die Kreise bedeuten Ganzheit, Verbundenheit, Verstehen des Ganzen. Das ist ihre Grundlage.

Das ist die Grundlage von *allem* und führt zur Vereinigung der menschlichen Seelen durch das Verstehen der Gesetze der göttlichen Intelligenz.

In England gibt es viele Lichtkanäle, über die wir zu euch kommen. Die irdischen Netzwerke sind dort gut miteinander verknüpft, und deshalb haben wir uns zuerst auf dieses Land konzentriert. Über unterirdische Netzwerke gelingt es uns außerdem, Bewusstsein und Spiritualität auch in andere europäische Staaten zu verbreiten.

Wir wollen aber im Laufe der Zeit diese Lichtsprache in Form von Kreisen und symmetrischen Ornamenten sogar an andere Kontinente übergeben.

Und wir haben schon damit begonnen.

Lasst euch nicht durch Fälschungen und manipulierte Beweise verwirren. Wenn ihr euch nach eurem Herzen richtet, erkennt ihr, welcher Kreis ein Original ist und welcher nicht. Die Lichtschwingung im Kreis und in seiner Umgebung ist messbar, und wir hinterlassen stets die Schwingung unseres Gestirns, damit klar ist, um welche Zivilisation es sich handelt, die euch diese Botschaft bringt.

Die Menschen, die die kosmische Lichtessenz verstehen, hegen keinerlei Zweifel und müssen sich nicht mit der Suche nach verschiedenen Beweisen quälen. Sie glauben und vertrauen einfach. Sie wissen: Durch geistige Anbindung an diese Muster könnt ihr euer spirituelles kosmisches Bewusstsein und Wissen anheben.

Lass auch du diese Muster auf dich wirken. Schließlich haben schon viele »durch uns gesandte« Wissenschaftler eine Menge Fotos und anderes Material veröffentlicht. Suche dir ein Muster aus, das einen positiven Einfluss auf dich hat, und lass es auf dich wirken. Ganz egal, wie. Jedes Muster ist eine exakte und originale Kopie verschiedener geometrischer Signaturen des Universums. Es geht vor allem um den heiligen Kreis. Um die Einheit und Ganzheit.

Alles mit allem. Verbinde dich.

Der kosmische Lichtrat wird immer mehr Beweise und immer mehr Elemente auf eure Erde bringen, damit allen alles klar ist. Er wird mit noch mehr menschlichen Wesen zusammenarbeiten, damit die Rettung und Heilung eures Planeten vollkommen ist. Das versprechen wir euch!

Telepathische Kontaktaufnahme mit den Plejadern und die Lichtsprache

Das ganze Ausmaß des Begreifens, was es mit dem wahren Wesen des Menschseins und des komplexen Geschehens auf dem Planeten Erde auf sich hat, wird euch bewusst, sobald ihr an eure übrigen zehn DNA-Stränge anknüpft.

Diese Stränge, die euch genommen wurden, spielen bei eurer Entwicklung eine entscheidende Rolle. Eine so große Rolle, dass ihr es euch gar nicht vorstellen könnt. Ihr könnt euch gar nicht vorstellen, WIE VIEL euch genommen wurde. Euch wurde die Freiheit der Seele genommen, die Verbundenheit mit dem Universum und mit allen anderen Mitgliedern eurer menschlichen Gesellschaft.

Jeder von euch fühlt sich meistens allein, dem Schicksal überlassen und hat das Gefühl, sich nur auf sich selbst verlassen zu können. Er hat das Vertrauen in andere menschliche Wesen verloren, er fühlt sich nicht mit ihnen vertraut. Sogar manche Familienmitglieder verhalten sich manchmal, als wären sie die größten Feinde.

Dabei hat die menschliche Gesellschaft früher wie eine große Familie funktioniert.

Die jetzige Situation der Menschheit ist leider mehr als beklagenswert. Das ist auch eines der Dinge, die wir versuchen zu richten. Wir bemühen uns um eine so große Verbindung zwischen euch wie möglich und um die positive Verknüpfung der Matrixfäden zwischen Menschen, die eine ähnliche positive Frequenz haben. Bei diesen positiven Menschen gelingt uns das sehr gut, die positiv denkenden und dem Planeten helfenden Menschen gruppieren sich, erhalten Impulse von uns und dem Lichtrat, und diese Impulse übertragen sie automatisch untereinander.

Die räumliche Trennung zwischen diesen positiv denkenden Menschen spielt dann keine Rolle mehr, da sie sich telepathisch verständigen, ohne Worte. Ihr Gehirn ist für eine höhere Schwingung aktiviert, für die Frequenzen zur Wahrnehmung von Impulsen. Dadurch senden sie intensiver Informationen aus als »normale« Einzelwesen.

Telepathische Fähigkeiten kann jeder entwickeln. Es geht darum, sich immerzu an die universelle Energie anzubinden und dadurch das Gehirn zu aktivieren. So ist es möglich, sich mit allen Einzelwesen eures Planeten zu verständigen.

Wusstet ihr, dass Telepathie eine messbare Fähigkeit ist? Wenn ihr sie mit euren Geräten oder Filtern messt und das Ergebnis anschaut, stellt ihr fest, dass der telepathisch aktive Einzelne ein farbiges Spektrum ausstrahlt. Dieses farbige Spektrum tritt aus dem Chakra des Dritten Auges aus – und aus dem Herzen.

Wir Plejader können uns jederzeit telepathisch miteinander verständigen, auf dieser Erde ebenso wie anderenorts im Universum, mit den Mitgliedern aller anderen Zivilisationen oder kosmischen Familien. Für uns ist das sehr einfach. Wir sind absolut mit den kosmischen Gesetzen verbunden, und deshalb ist das für uns kein Problem. Die telepathische Sprache ist der Sprache des Herzens und der Sprache eurer Augen ähnlich. Es ist eine Sprache ohne Worte – das absolute Verstehen von Signalen.

Auch ihr könnt das. Aber ihr müsst es lernen. Damit ihr dies lernen könnt, haben wir die telepathische Übertragung unserer Gedanken vorbereitet. Wir möchten endlich in den beabsichtigten Kontakt mit euch treten, umfassend beginnen mit der Gedankenübertragung an euch und der Übertragung eurer Gedanken an uns.

Bisher war und ist es schwer, uns euch physisch zu zeigen. Wir konnten auf euren Planeten sozusagen nur aus der Ferne einwirken. Nun ist es aber an der Zeit – wenn auch vorerst nur telepathisch –, so viele irdische Bewohner wie möglich anzusprechen und ihnen die Möglichkeit der telepathischen Verbindung mit uns zu geben.

Wir möchten, dass ihr unsere Worte empfangt und dabei die Schönheit und bedingungslose Liebe des Universums fühlt. Wir möchten Massenkontakte verwirklichen, wir möchten, dass ihr unsere Sprache versteht.

Ihr *werdet* uns telepathisch verstehen.

∞

Die Lichtsprache, wie wir das telepathische Kontaktieren nennen, ist eine höhere Form der verbalen Sprache. Ihr werdet Lichtimpulse empfangen, und diese Lichtimpulse verwandeln sich in eurem Gehirn in Wörter der euch zugehörigen Sprache. Ihr werdet mit eurem Gehirn die Sprache des Universums dechiffrieren, die durch unsere Zivilisation übertragene Lichtsprache.

Die Lichtsprache ist eine ganz eigene Form der Sprache, die es überall im Universum gibt. Jeder Einzelne versteht sie, egal von welchem Volk und egal welcher Herkunft. Alle Lichtwesen verständigen sich über die Lichtsprache, sie brauchen keine Worte, und sie wissen genau, was mitgeteilt wird.

(Auf eurem Planeten verständigen sich so auch Tiere. Sie sind über ihre Energiefelder miteinander verbunden. Das Tierreich hat allerdings eine andere Frequenz und eine andere Systematik bei der telepathischen Sprache.)

Eure Seele bedient sich der Lichtsprache auch nach dem Aufstieg aus dem Körper. Ihr verständigt euch dann telepathisch. Eure körperliche Hülle und das Gehirn haben euch im Grunde nur blockiert. Mit dem Aufstieg aus dem physischen Körper öffnen sich eurer Seele Räume und Dimensionen, und die Seele verbindet sich augenblicklich mit der lichtvollen telepathischen Sprache des Universums. Alle Seelen, egal von welchem Volk, verstehen diese eine gemeinsame Sprache. Es existieren keine sprachlichen Barrieren mehr. Es existiert nur die eine gemeinsame Lichtsprache.

Diese Telepathie wollen wir euch vermitteln, und zwar zu einer festgelegten Zeit.

Wir wollen die Lichtsprache auf euch übertragen und uns durch sie mit euch unterhalten. Das wird euch eine große Menge an Informationen und Erfahrungen bringen und euren Horizont erweitern – den Horizont bezüglich eures Verständnisses für die Komplexität des Ganzen. Gleichzeitig hilft es euch zu verstehen, *wie* ihr seid. Das wird eine hervorragende Schulung für euch sein. Eine Schulung in Form telepathischer Einheiten, die zur festgelegten Zeit 20 Minuten lang dauern werden.

Ihr werdet anfangen, euch selbst noch besser zu verstehen, und ihr werdet glücklich sein, dass ihr Informationen aus der kosmischen Lichtwelt bekommt, die euch endlich Antworten auf eure Fragen gibt. Mit der Zeit werdet ihr euch nicht mehr einsam und getrennt von allen und allem fühlen, weil die Telepathie eine Anbindung an den Kosmos und seine Gesetze mit sich bringt. Ihr werdet in dieser schwierigen Gegenwart Erleichterung fühlen, und eure Anbindung wird sich immer mehr erhöhen.

Zu jedem Individuum gehen wir einzeln, getrennt und gemeinsam zugleich. Wir werden uns an die Bedürfnisse und Gefühle des Einzelnen anbinden, und wir werden uns bemühen, so viele telepathische Lichtinformationen wie möglich zu übertragen.

∞

Jetzt, in dieser Zeit, ist endlich die Zeit der Verbindung der kosmischen Familien und der Anbindung an sie gekommen!

Jetzt, endlich!

Es bereitet uns eine unglaubliche Freude im Herzen, dass unser jahrelanges Handeln auf dem Planeten Erde endlich Früchte zu tragen beginnt. Immer mehr Menschen verbinden sich mit uns, und wir können endlich anfangen, effektiv und mit eurem vollen Einverständnis zu wirken.

Wir werden auf einzelne Individuen wirken und folglich auf ganze menschliche Gruppen.

Die telepathische Sprache ist die erste Grundlage zur Verständigung mit uns. Wir werden sie bei euch aktivieren, und wir werden glücklich sein, wenn ihr anfangt, gezielt mit uns zu kommunizieren.

Endlich ist die Zeit gekommen!

DESHALB SIND WIR HIER!

Wir sind zur Kommunikation mit euch hier und zur Übergabe für euch nützlicher Informationen. Wir sind zur Erneuerung der irdischen und menschlichen Matrix hier. Wir sind zum Erhöhung eurer menschlichen Entwicklung und zur Entwicklung menschlicher Individuen und ihres Handelns hier.

Es bereitet uns Freude, dass ihr, die ihr dies lest, zu diesen Einzelnen gehört und bald keine Einzelnen mehr zu sein braucht. Ihr werdet durch die telepathische Lichtsprache positive Impulse an andere menschliche Personen weitertragen.

Jeder Einzelne spielt eine große Rolle, und jeder Einzelne hat enorme Kraft. Ihr seid Kinder des Universums, das dürft ihr nicht vergessen. Ihr alle wart an die Matrix des Universums und seine Lichtsprache angebunden, es geht nur darum, sich daran zu erinnern. Ihr werdet keine Hindernisse zwischen euch und der Lichtwelt oder der kosmischen Intelligenz mehr erleben. Ihr werdet wieder verbunden und angebunden sein.

Das ist die grundlegende Bedingung, um die Lichtsprache und die Kommunikation mit uns zu erlernen.

Übung

Kontaktaufnahme mit den Plejadern zur Schulung in der Lichtsprache

Jeden Montag um 21 Uhr werden wir uns für 20 Minuten verbinden und euch eine telepathische Schulung geben.

Verbinde dich mit uns. Am besten im Sitzen. Halte deine Wirbelsäule aufrecht.

Lass dich mit der Frequenz und Kraft des Plejadengestirns und der göttlichen Intelligenz durchstrahen.

Über deinem Kopf dreht sich die vierseitige Lichtpyramide nach rechts. Mit ihrer Spitze empfängt sie Impulse der Lichtsprache. Mit der Unterseite der Pyramide ist eine weitere, gleichartige Pyramide verbunden, mit der Spitze nach unten in deinen Körper gedreht. Die Spitze überträgt Informationen an dein Herz.

Konzentriere dich auf dein Drittes Auge. Stelle dir vor, dass in das Chakra deines Dritten Auges ein Lichtstrahl tritt, der beide Gehirnhälften aktiviert und es mit seinem Licht überflutet.

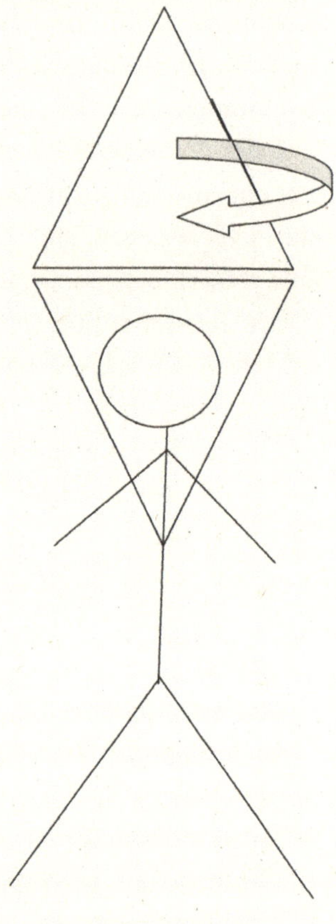

Dein Gehirn, dein Drittes Auge und dein Herz sind jetzt zum Kontakt mit uns bereit. Sie sind bereit für eine telepathische Schulung.

Atme einige Male tief ein und aus, damit du deine Körperfrequenz verlangsamst und beruhigst.

Lass uns nun 20 Minuten lang wirken. Wir aktivieren dein Gehirnzentrum für die Aufnahme telepathischer Gedanken und Informationen. Wir aktivieren das Energiefeld des Herzens und übertragen elektromagnetische Impulse für den besseren Empfang von Informationen in das Gewebe der Herzmuskulatur. Wir durchlaufen mit einem Lichtstrahl das Chakra des Dritten Auges.

Lass jetzt alles auf dich wirken. Lausche den Gedanken und Impulsen, die zu dir kommen. Du wirst Ruhe in der Seele und physische Ruhe um deinen Körper herum spüren. Die Atmosphäre in dem Raum oder Zimmer, in dem du dich gerade befindest, verändert sich. Vielleicht spürst du körperliche Empfindungen, oder du beginnst um dich herum die farbigen Spektren der Lichtsprache zu sehen.

Dies ist eine magische Verbindung.

Lass die telepathische Lichtsprache auf dich wirken.

Vielleicht schaffst du es bereits nach den ersten Zusammenkünften mit uns, die Impulse der telepathischen Sprache zu erfassen und zu dechiffrieren. Wenn es etwas dauert, so verzage nicht. Halte durch und sei bereit für Botschaften, die für dich persönlich durchkommen. Nach einer Weile kannst du auch Fragen stellen und anfangen, mit uns zu kommunizieren.

Das ist das Ziel dieser ganzen Aktivität!

- Das Übertragen von Informationen zwischen euch und uns.
- Die Aktivierung der Lichtsprache und damit die Verständigung mit allen Wesen dieses Universums!
- Die gezielte Hilfe für euren Planeten und sein Gesamtsystem.
- Informationen zu vermitteln über die spirituelle Evolution der Menschheit und die Neuanknüpfung an die DNA-Stränge.

Wir danken dir!

Schädliche Ernährung und mangelhafte Pflege eures Körpers

Die Planetensysteme und ihr Prinzip sind für euch manchmal sehr schwer zu verstehen. Momentan habt ihr nicht die Möglichkeit, euch weiter von diesem Planeten fortzubewegen, als eure Technik es erlaubt, und ihr habt nicht die Möglichkeit, die Umgebung, die anderen Planeten oder die Galaxis zu erkunden. Bisher habt ihr leider nur begrenzte Ansichten, und die Vorstellung, dass das Universum wirklich unendlich ist, könnt ihr nur schwer erfassen.

Dabei wäre euch so vieles erheblich klarer, wenn ihr das euch umgebende Planetensystem durch unsere Augen sehen könntet: Es ist unglaublich schön, vielfältig und magisch zugleich. Das Wissen darum, wie viele Galaxien, wie viele Zivilisationen und Lebensformen sich in unserem Universum befinden, ist einfach himmlisch!

Bei euch ist es so, als würdet ihr die Welt durch die Augen einer Ameise betrachten. Die gelangt auch nur zu ihren nahen Zielen, und ihre physischen Fähigkeiten erlauben es ihr nicht, dass sie darüber hinausschaut oder hinausgeht. Darin gleicht ihr den Ameisen, die sich nur auf ihrem Territorium oder in ihrer Umgebung bewegen. Weiter kommen sie nicht und haben keinen größeren Überblick.

Wir wollen euch helfen, diesen begrenzten Zustand hinter euch zu lassen. Wir wollen euch entwicklungsmäßig nach vorne bringen.

Das Ziel ist, sich aus dem physischen Körper zu befreien und die Grenzen der Möglichkeiten zu überwinden.

Eurer Möglichkeiten.

Erlaubt uns, euch zu helfen und euren Körper und eure genetische Ausstattung ständig neu in einen Zustand zu bringen, in dem ihr euch ohne Begrenzungen und nach euren Vorstellungen werdet bewegen können.

Wie viele Menschen, wie viele Tagträumer, wollten schon immer »einfach nur so« herumfliegen und sich den Mond oder andere Planeten ansehen! *Einfach nur so.* Wie viele von euch haben oder hatten Träume vom Fliegen? Wie viele von euch haben sich im Traum bereits außerhalb oder unabhängig von der irdischen Schwerkraft bewegt, sind unbeschwert in der Welt herumgeflogen? Das sind Erinnerungen an eure Teleportationen, Erinnerungen daran, sich völlig frei bewegen zu können, *obwohl* ihr einen physischen Körper besitzt. Diese Erinnerungen habt ihr im kollektiven menschlichen Bewusstsein bewahrt, mit dem ihr alle verbunden seid.

... Erinnerungen an die Zeit von Atlantis und den Anbeginn auf dem Planeten Erde, als ihr die Teleportation noch mit euren Gedanken gesteuert habt.

... Erinnerungen an die Zeit, als ihr euren Körper noch wertgeschätzt habt.

∞

Die jetzige Zivilisation hat aufgehört, den menschlichen Körper wertzuschätzen. Sie hat aufgehört zu begreifen, dass der Körper ein Spiegelbild der Seele und umgekehrt die Seele ein Spiegelbild des Körpers ist.

Die meisten Bewohner dieses Planeten »füttern« ihre Körper nur, um den Hunger zu stillen, aber es interessiert sie nicht, welche Nahrung sie durch ihren Körper gehen lassen. Eine unglaubliche Menge an Giften, ungesunden und unzulässigen Produkten für ihre Körper.

Euren Körper habt ihr für eure irdische Inkarnation bekommen. Ihr müsst euren Körper wertschätzen und wieder anfangen, euch damit zu beschäftigen, was euer Körper *braucht*.

Eure Körper sind zwar materiell, aber sie schaffen es sehr gut, sich an die Lichtenergie anzubinden, falls ihr es ihnen erlaubt.

Durch ihre jetzige Art der Ernährung tötet die Mehrheit der Bewohner eures Planeten ihre Körper buchstäblich ab.

Wenn wir anfangen zu essen, stellen wir uns schwingungsmäßig auf unser Essen ein. Essen ist für uns eine Besonderheit, und wir überlegen uns sehr genau, was wir unserem Körper schenken. Unser Körper ist uns dafür dankbar, er strahlt und freut sich, dass wir ihn mit der Nahrung gestärkt haben, die er gebraucht hat. Jedes Teilchen unseres Körpers sendet uns dafür Dank aus, und wir nehmen diesen Dank an. Einklang zwischen Seele und Körper. Absoluter Einklang. Der Körper »sagt« uns sofort, wenn ihm die Nahrung schwingungsmäßig nicht zusagt oder nicht passt.

Die meisten Menschen haben aber aufgehört, diese Signale wahrzunehmen, und haben begonnen, sie geradezu zu ignorieren. Seht euch eure Gesellschaft nur an!

Wie viele kranke und leidende menschliche Wesen trefft ihr auf Schritt und Tritt an. Wie viel menschliches Leiden umgibt euch. Eure Krankenhäuser sind mit Patienten überfüllt, ihr lasst eure Körper erst durch schlechte Nahrung vergiften, und dann begebt ihr euch in die Hände von Ärzten und erwartet Abhilfe.

Dabei kann sich jeder selbst helfen, und jeder sollte anfangen, sich um seinen Körper zu kümmern. Fast alle in eurer Gesellschaft verbreiteten Krankheiten sind durch schlechte Ernährung entstanden. Euren Körper tötet ihr *selbst* ab!

Danach, wenn ihr festgestellt habt, dass euer Körper leidet, sucht ihr einen Arzt auf. Dort bekommt ihr chemische Präparate zur benötigten Linderung. Die erhoffte Erleichterung tritt zwar ein, aber die chemischen Stoffe werden durch den Körper aufgenommen und beginnen wieder an einem anderen Ort im Körper dunkle Energiefelder zu bilden, die sich wiederum an die riesigen Energiefelder der Kranken und verschiedensten Krankheiten anbinden.

Fangt an, euren Körper zu heilen! Kehrt zu euren grundlegenden Prioritäten eines gesunden Körpers zurück. Hört auf, euch durchs Leben zu schleppen – *und fangt an zu leben.*

Euer Körper hat es verdient, euer Körper wartet nur darauf und wird euch dafür mit neu aufgeladener, lebensfähiger und strahlender Energie belohnen!

∞

Ohne einen gesunden und qualitativ gut funktionierenden Körper ist eure Seele nicht in der Lage, durch die evolutionär-spirituellen Fortschritte zu gehen. Deshalb stagniert ihr in eurer Entwicklung!

Fangt an, in vollen Zügen zu leben, und beginnt wahrzunehmen, dass euer Körper ein Teil eures gemeinsamen Universums und unser allen Seins ist.

Hört auf, euch zu isolieren, und steigt körperlich in höhere Schwingungsebenen ein. Ohne einen gesunden Körper gelingt euch der Aufstieg nicht. Es gelingt euch nicht, euch in eurer aktuellen irdischen Matrix mit allen 12 Strängen zu verbinden.

Es reicht nicht aus, dass ihr euch bemüht, euch spirituell weiterzuentwickeln, denn eine ungesunde materielle Hülle bremst eure Gesamtentwicklung.

Das muss euch bewusst sein.

Ihr müsst die Einheit zwischen Körper und Seele erzielen. Euer Sprichwort »in einem gesunden Körper wohnt ein gesunder Geist« ist wahr. Ihr solltet das nicht vergessen!

Hört deshalb auf, euch von Weißmehl und daraus geschaffenen Produkten zu ernähren. Sie belasten nur eure Gedärme und das gesamte System. Eure Gedärme sind dadurch ganz verklebt, die schwer verdauliche Nahrung peinigt den Körper, und euer Geist ist nicht in der Lage, sich dieser niedrig schwingenden Stoffe zu entledigen.

Und dann noch Fleisch. Fleisch. Wie das klingt. Fleisch, Muskeln, Sehnen, Innereien von Tieren. Für eure Gesellschaft momentan mehr als normal, für uns unbegreiflich.

Euer menschlicher Körper ist ursprünglich auf pflanzliche Nahrung programmiert. Fleisch habt ihr in Zeiten der Not oder besonderer Feiern zu essen begonnen.

Natürlich, wir verstehen euch. Aber in der Zeit der fünften Bewusstseinsebene braucht ihr *diese* Schwingung nicht mehr weiterzutragen. *Diese* Aspekte sind überwunden, und das sollte euch bewusst sein, danach solltet ihr euch verhalten.

Wie viel Leid die Futtermittelindustrie schon herbeigeführt hat, müssen wir nicht erst hervorheben. Riesige Ländereien sind davon betroffen. Unglaublich niedrig schwingende Felder sind durch das Quälen von zur Schlachtung bestimmten Tieren entstanden. Tieren, die ihr armseliges Leben in winzigen Räumen erleben. Tieren, die geistig entrückt sind. Tieren, die täglich beruhigende und betäubende Mittel bekommen. Tieren, von denen es Millionen gibt und die mit euch auf *einem* Planeten »leben«. Ihr seid schwingungsmäßig mit ihnen und untereinander verbunden. Tieren, die ihr *esst.*

Die Energiefelder dieser armen Tiere sind so schädlich in ihrer Frequenz: Wenn ihr deren tote Materie in euren Körper aufnehmt, bleibt ihr mit dem niedrig schwingenden Feld noch mehrere Wochen oder Monate lang verbunden. Und das schon, wenn ihr dieses Fleisch nur einmal verzehrt. Was ist aber mit den Menschen, die sich *überwiegend* von Fleisch ernähren? Mit welcher Frequenz schwingt *ihr* Körper? Ist ihre Seele überhaupt noch in der Lage, sich mit dem Körper zu verbinden und die Verbindung zu ihm aufrechtzuerhalten? Ist ein solcher Körper in der Lage, sich mit den kosmischen Gesetzen zu verbinden, die spirituell und energetisch rein sind?

Das schreckliche Energiefeld des Tötens von Tieren belastet euren ganzen Planeten. Es belastet ihn mehr, als ihr denkt. Alle – wirklich *alle!* –, die etwas mit »totem« Fleisch zu tun haben, tragen diese Frequenz in sich. Der gesamte Industriezweig und alle dafür zuständigen Menschen, die ganzen dazugehörigen finanziellen und politischen Institutionen und Einrichtungen – und wiederum die dafür tätigen Menschen.

Euer armer Planet ist entsetzt über euer Verhalten. Seine Seele Gaia ist entsetzt über euer Verhalten. Das alles belastet ihn sehr – genau wie die ganze verpestete und verunreinigte Luft, die bei der Fleischzucht von Tieren entsteht.

An die Frequenzen und Energiefelder dieser vielen Systeme seid ihr, Fleischesser, umfassend angebunden. Wie wollt ihr so gesund werden? Ist es überhaupt noch möglich, aus diesem weltumspannenden System zu entkommen?

Wieder einmal: Beginnt bei euch selbst und entledigt euch des Konsums von totem Fleisch. Sicher ist euch bereits klar, dass ihr aufhören könnt, Ärzte zu besuchen, wenn ihr aufhört, Fleisch zu essen, und anfangt, euch gut zu ernähren. Hört auf, eurem Körper chemische Präparate zuzuführen, dann wird euer Körpersystem gesunden.

Fangt an, mehr von den natürlichen Gaben eures Planeten zu essen, und hört auf, das zu essen, was tierischen Ursprungs ist. Auch Milch und ein Überschuss an Milchprodukten belasten euer System, aber Fleisch und Fleischprodukte erzeugen die größte Katastrophe im Körper. Also hört auf, euch mit dem Erleben des Essens von Fleisch zu beschäftigen – *und denkt über einen anderen Sinn nach.*

Wenn ihr euren Körper heilt, werdet ihr sehen, dass auch der Geist geheilt wird. Dadurch eröffnen sich neue Horizonte. Es liegt an euch, ob ihr ganz neue Horizonte mit unbeschreiblichen Parametern kennen lernen und erkunden wollt!

Trennt euch bewusst von den belastenden, künstlich geschaffenen Nahrungssystemen. Euer Körper braucht das nicht. Kehrt zur natürlichen Ernährung ohne jegliche chemische Zusätze und Konservierungsstoffe zurück. Die gehören einfach nicht in euren Körper und zerstören nur eure geometrische Signatur.

Lasst euch nicht gegen alle möglichen und unmöglichen Krankheiten impfen. Gebt etwas auf euren gesunden Menschenverstand und entscheidet euch für einen gesunden Umgang mit den Präparaten. Wägt ab, was für euch am Wichtigsten und wirklich notwendig ist. Wägt ab, ob es sich nicht um einen weiteren Versuch der Pharmaindustrie handelt, die am Informationsmangel verdienen will. Wägt ab, ob die Medien nicht schon wieder versuchen, euch zu manipulieren, und wägt ab, ob die Informationen über die Ausbreitung verschiedener Epidemien tatsächlich wahr sind.

Wägt ab, ob ihr eurem Körper wirklich eine riesige Menge an Vitaminen zuführen müsst, wenn ihr ihm doch am besten mit frischem Obst und Gemüse dient.

Aber es reicht nicht aus, nur gesund zu essen. Ihr müsst auch jegliches Eindringen chemischer Stoffe von außen in den Körper verhindern. Viele unerklärliche Krankheiten und Krebsgeschwüre im Körper sind die Folge eines Übermaßes an auf künstlicher und unnatürlicher Basis entwickelter Kosmetik.

Also meidet chemische Zusammensetzungen, wie sie in manchen Kosmetika vorkommen. Verwendet einzig natürliche Produkte. Sonst wird euer Organismus eine schier unerschöpfliche Menge an Giften und chemischen Stoffen über die Haut aufnehmen. Die Haut absorbiert alles und gibt es an den Blutkreislauf weiter, und das chemisch vergiftete Blut versorgt schließlich eure Organe.

Die Natur ist euer Zuhause, eure ureigene Frequenz und euer Leben. Ihr passt mit eurer Matrix vollkommen in sie hinein und müsst nur lernen, wieder zu ihr zurückzukehren – zu ihr und ihren sowie euren natürlichen Bedürfnissen.

∞

Verbindet euch mit eurem geheilten Körper. Folgt den Gesetzen der Natur, eures Planeten, der Systeme von Mond, Sonne und Planeten, den Gesetzen eurer Galaxis und letztlich den Gesetzen des Universums.

Erlaubt euch, eurem Geist sowie eurem Körper, nach den kosmischen Gesetzen zu funktionieren. Erlaubt euch, eurem Geist sowie eurem Körper, Dinge zu erleben, die ihr in längst vergangenen Zeiten erlebt habt und die heute noch die Grenzen eurer Vorstellungskraft überschreiten!

Erlebt das Paradies auf Erden und lasst mit all euren Sinnen und eurer Wahrnehmung der Fantasie freien Lauf, sei es nun an der Seele oder am Körper!

Werdet wieder zu Mitgliedern unserer einen riesigen und unendlichen kosmischen Familie.

DESHALB SEID IHR HIER!

Harmonisierung eures Körpers mit der Seele

Euer Körper, ein Gefäß für die Seele. Er trägt eine Matrix und schwingt in seiner Frequenz. Er ist ein energetischer Leiter für die kosmischen Gesetze. Er muss euch absolut dienen, sonst entsteht ein Defizit zwischen Körper und Seele.

Körper und Seele müssen auf allen Ebenen miteinander verbunden sein.

Damit euer Körper ausreichend und richtig funktioniert, haben wir bereits ein paar Ratschläge bezüglich des Verspeisens von Fleisch und anderen belastenden Stoffen niederschreiben lassen.

Stellt es euch, liebe Lichtboten, bitte so vor, dass euer Körper ein Spiegel eurer Seele ist. Euer Körper birgt eine Schönheit ungeahnten Ausmaßes.

Wenn ihr eure Seele reinigt, wird auch euer Körper aufblühen. Er wird dann alle Belastungen abgeben, die er in den Jahren eures Lebens angesammelt hat. Alle Gifte, egal ob psychischen oder körperlichen Ursprungs, werden ausgeschieden, alle Fettreserven, die als Schutz gedient haben für den Körper, in dem sich so vieles angesammelt hat, weil er sich nicht gut gefühlt hat, werden ausgeschieden. Wut, Neid, Hass und andere negative Gedanken, die sich in eurem Körper abgelegt haben, in euren Organen, in eurer Haut – das alles wird losgelassen und kann gehen.

Negatives Denken hat sich auch in eurem Sehen angehäuft, in euren Augen, die das Tor zu eurer Seele sind. Sie sind wunderschön, eure Augen, die menschlichen Augen. Jeder hat eine andere Form, einen anderen Ausdruck, eine andere Färbung in die Wiege gelegt bekommen. Ihr seid eine einzigartige und schöne Rasse.

Eure Augen bedeuten viel mehr, als ihr denkt. Sie sind als Organe direkt mit eurem Dritten Auge verbunden, sie sind mit allen Chakren im Körper verbunden, und eure Augen geben euch Signale sowohl von außen als auch von innen.

Eure Augen sind der Ausdruck der Schönheit eurer Seele. Je reiner eure Seele ist, desto mehr strahlen eure Augen, euer Anblick kann magisch sein. Eure Augen können sich nicht des Ausdrucks der Ergriffenheit erwehren, wenn ihr in eine komplizierte oder traurige Situation kommt. Eure Augen sprechen für euch. Ihr müsst nicht einmal Worte gebrauchen. Aus euren Augen kann alles herausgelesen werden.

In euren Augen setzen sich verschiedene Zeichen fest, falls euer Körper oder eure Seele schlecht funktionieren. Es gibt dann dafür Anzeichen. Das ist euch sicher schon bekannt, dank der uralten diagnostischen Studien, die ihr aus China und der weiteren Umgebung kennt.

Eure Augen können nicht nur eure Umwelt wahrnehmen, sie sind auch, weil sie mit allen Chakren eures Körpers verbunden sind, in der Lage, von innen in euren Organismus zu sehen und dort zu studieren, was dem Organismus fehlt. Die meisten von euch haben vergessen, dass jeder von euch das kann. Jeder von euch ist in der Lage, sich selbst zu diagnostizieren und sich anschließend auch selbst zu heilen.

Für uns gibt es nichts Einfacheres, als mit dem inneren Auge nachzusehen, was euer Körper braucht und zu seinem Wohlergehen benötigt. Wir sehen auch die Färbung der einzelnen Organe. Die meisten Organe passen frequenzmäßig zu der Umgebung, in der wir uns gerade befinden. Unser Körper kann sich sehr gut an andere Räume und Bereiche anpassen. Wir müssen aber natürlich mit unserem Körper sprechen.

Ihr habt auch vergessen, dass sich eure Körper an die Räume, in denen ihr lebt, anpassen können und sich frequenzmäßig mit dem gegebenen Bereich vereinheitlichen sollten. Sonst kann es euch passieren, dass der Körper zusammenbricht, und ihr wundert euch dann, warum ihr müde seid. Ihr müsst wieder lernen, mit eurem Körper zu sprechen und seine Bedürfnisse zu erfüllen. Sonst entsteht eine Kluft. Gebt acht auf das Gefühl eurer Seele, darauf, was eurem Körper gut tut und was nicht.

Konzentriert euch zuerst auf euch, auf eure Seele, auf euren Körper, dann erst auf andere. Erst wenn ihr absolut mit euch selbst zufrieden seid, könnt ihr anderen eure Dienste erweisen oder ihnen helfen.

Ihr, eure Seele und euer Körper, seid am Wichtigsten. Macht euch immer wieder bewusst, was für eure Seele und euren Körper optimal ist, und richtet euch danach. Das ist ein *gesunder* Egoismus und eine *Wertschätzung* eures Selbst.

Seid euch selbst euer liebster Mensch!

Nur mit einer gesunden Seele und einem gesunden Körper könnt ihr anderen in bedingungsloser Liebe helfen. Beginnt also, euch selbst zu lieben, und geht keine Kompromisse dahingehend ein, erst die Bedürfnisse anderer zufriedenstellen zu wollen, solange ihr nicht selbst in absolutem Gleichgewicht seid.

Wir verleiten euch hier nicht zu egoistischem Verhalten. Wir wollen euch nur zur Harmonisierung des Zustands eurer körperlichen Hülle und eurer Seele verhelfen.

Wenn ihr nicht innehaltet und euch auf euch selbst besinnt, werdet ihr die Aktivitäten zur Heilung eures Körpers und eurer Seele endlos in eine ferne Zukunft verschieben. Es wird euch dann niemals gelingen, eine Harmonisierung von Körper und Seele durchzuführen. Also nehmt euch Zeit für euch selbst!

Denkt über euer Leben nach, über euer bisheriges Leben. Wie ihr gelebt habt. Habt ihr an euch und euren Körper gedacht, oder seid ihr immer nur durch euer Leben »gehetzt«, ohne innezuhalten? Hatten euer Körper und eure Seele Zeit, sich zu VEREINEN und sich bewusst zu werden, dass sie eine vollkommene Einheit sind?

Oder hetzt ihr auch jetzt noch durch euer Leben, eilig und hastig, außer Rand und Band, und vergesst, dass ihr doch so viele Sachen »einfach« affirmieren könnt? Ist für euch kein Ende vom Stress in Sicht? Nehmt ihr euren Körper nur als Gerät für die Erledigung verschiedenster Aktivitäten und denkt nicht darüber nach, ob er dabei zufrieden ist? Überlasst ihr euren Körper vor lauter Barmherzigkeit den sexuellen Fantasien eures Partners, auch wenn ihr euch innerlich wehrt oder über sein Unverständnis und seine Übermacht erschüttert seid? Unterdrückt ihr den Schmerz mit beruhigenden chemischen Giften, damit ihr nicht auf euren Körper hören müsst? Gebt ihr eurem Körper die Nahrung, die er braucht und die ihn richtig ernährt? Trinkt ihr eine ausreichende Menge der überaus nützlichen Flüssigkeit Wasser?

Diese wenigen Fragen sollten euch zum Nachdenken anregen und dazu innezuhalten. Damit ihr anfangt, mit eurem Körper zu kommunizieren und auf seine Bedürfnisse zu hören. Fast jede Krankheit hat eine psychische Ursache, und es liegt nur an euch, ob ihr euch das bewusst macht und Körper und Seele Zeit gebt, sich zu vereinen.

Wie wollt ihr anderen Menschen helfen, wenn euer Körper euch Warnsignale in Form von Schmerzen und Krankheiten zukommen lässt und ihr ihn ignoriert? Beginnt bei euch selbst. Damit verändert ihr auch eure Umwelt.

Nehmt euch genau *jetzt* dafür Zeit. *Jetzt*, in *diesem* Raum.

Nimm dir Zeit für dich und *vereine* dich.

Verbinde dich endlich mit der Frequenz deines Körpers und fang an, mit ihm zu kommunizieren. Wir haben dir bereits geholfen und werden dir auch weiterhin helfen, deine geometrische Signatur auszugleichen. Nun bist du an der Reihe, Körper und Seele nicht mehr getrennt wahrzunehmen und sie zu reinigen und zu heilen.

Auch im Augenblick deiner Harmonisierung werden wir mit dir in Verbindung stehen, wenn du es uns erlaubst.

Übung

Verbindung von Körper und Seele

Nimm dir Zeit für dich und lege dich hin oder begib dich in eine Position, die für dich am Geeignetsten ist. Halte inne!

Dieser Augenblick deiner neuen harmonisierenden Geburt von Körper und Seele ist für dich das Wichtigste und heilig. Mach dir vollkommen klar, dass du in diesem Augenblick die Absicht hast, mit deinem Körper und seinen Zellen und mit deiner Seele bewusst Kontakt herzustellen.

Sieh dir deinen Körper mit deinem inneren Auge an. Betrachte deine Hände und bedanke dich bei ihnen für ihre Arbeit.

Bedanke dich bei deinen Füßen dafür, dass sie dich durchs Leben tragen.

Bedanke dich bei deinen Organen, dass sie dein ganzes Leben lang ihre Aufgabe erfüllen, ohne dass du dich je darum gekümmert oder dich dafür interessiert hast.

Bedanke dich bei deinen Augen, die dich die Welt beobachten lassen.

Bedanke dich bei deiner Nase, die dich deine Welt riechen lässt.

Bedanke dich bei deinem Mund, der küssen und lieben und die Nahrung schmecken kann.

Bedanke dich bei deinen Ohren, die dich den Geräuschen der Umgebung lauschen lassen.

Bedanke dich bei deinen Zellen, absolut allen Zellen im ganzen Körper. Die Zellen bilden deine Grundlage und die Grundlage von allem.

Werde dir der Kraft der Worte bewusst, mit denen du deine Absicht verfolgst.

Verbinde dich mit deiner Seele, mit deinem Bewusstsein. Bedanke dich bei deiner Seele und nimm dir bewusst vor, deiner Seele und deinem Körper intensiver als bisher zuzuhören. Bedanke dich bei deiner Seele dafür, dass sie gerade zu deinem Körper gehört und ihr eine Einheit bildet.

Werde dir bewusst, dass sich Körper und Seele harmonisieren. Lass deine Seele in alle Teile deines Körpers treten. Beobachte mit deinem inneren Auge, welcher Teil deines Körpers unglücklich ist und welchem es nicht gut geht. Verbinde dich mit dem Zellsystem dieser Teile. Sprich mit ihnen.

Sage:

»Mein Körper und meine Seele sind absolut verbunden. Sie bilden eine Einheit und sind damit an die Frequenz des Kosmos angebunden. Mein Körper und meine Seele entsprechen frequenzmäßig ganz und gar kosmischen Energie.

Ich liebe mich, ich liebe meine Seele und ich liebe meinen Körper. Danke.«

Durch die Formulierung »ich liebe« und ihre Frequenz verbindest du dich mit der Schwingung der universellen bedingungslosen Liebe und Intelligenz. Dadurch wird dein Körper frequenzmäßig an die Seele angebunden.

Bedanke dich bei dir selbst und sprich diese Worte so oft es geht aus. Fang wieder an, dich selbst zu lieben, und »halte« in der Zeit »inne«, wann immer du kannst. Liebe und bedingungslose Liebe haben die stärkste und größte Heilkraft für alle Wesen im ganzen unendlichen Universum.

Mit deiner Selbstliebe näherst du dich den anderen Lichtwesen und ihrer Frequenz an.

Liebe und Frieden mit euch!

Gedankliche Erschaffung eurer neuen Realität

Liebe Boten der menschlichen Zivilisation!

Wir beobachten euch, und wir müssen sagen, dass ihr euch wirklich stets bemüht und danach strebt, alle Geheimnisse des Universums, eurer und der euch umgebenden Welt zu entlarven. Ihr bemüht euch auch redlich, die Geheimnisse eurer Seele aus den Tiefen ans Licht zu bringen – die Geheimnisse eurer Seele und ihres unendlichen Wirkens, eurer Seele und ihrer Verbindung mit anderen Seelen und Entitäten, eurer Seele und ihrer dualen sowie multidimensionalen Aufteilung.

Eure Seele, euer Verstand und euer Bewusstsein bilden eine Einheit, und doch kann von ihnen als einzelne, getrennte Teile gesprochen werden. Eure Seele sollte dem Bewusstsein eures Verstandes entsprechen. Diese drei Teile überlappen sich ständig, sie durchdringen die Dimensionen der Wahrnehmung sowie der Räume.

Mit euren Gedanken könnt ihr Dimensionen und Entfernungen überwinden.

Ihr könnt euch kraft eurer Gedanken auch mit Menschen verbinden, die auf der anderen Seite der Erdkugel wohnen oder sich gerade in einer anderen Zeit oder einem anderen Raum ihres Seins aufhalten. Kraft eurer Gedanken seid ihr in der Lage, alles Mögliche zu manifestieren. Eure Gedanken stellen eure Realität vor und umgekehrt. Eure Realität ist ein Abdruck oder Spiegel eurer Gedanken.

Jetzt haben wir aber »nur« von Gedanken gesprochen, die energetisch euer persönliches Leben und euren persönlichen Lebensweg beeinflussen. Was stellen erst Gedanken vor, die nicht nur Dimensionen und Räume materialisieren, sondern sogar materielle Gegenstände und damit verbundene persönliche Angelegenheiten!

Stellt euch vor, dass euer Gehirn ständig Milliarden von Impulsen aussendet, die durch eure Gedanken entstehen. Eure Gedanken werden in eurer Seele geboren, und euer Verstand schaut dann, welche Gedanken sich eure Seele wünschen soll. Stellt euch nun weiterhin vor, dass diese Gedankenimpulse in eurem Gehirn eine enorme Menge an pulsierenden Frequenzwellen hervorrufen, die sich sinusförmig in eurem Gehirn bewegen und durch euren Schädel in die Umgebung eures Kopfes gelangen. Es ist ein schwer fassbares Gedankengeflecht, das sich schlängelt und um euren Kopf herum und im Kopf verflicht, ganz verschiedenfarbig und unterschiedlich schwingend, je nachdem, mit welchen Gedanken ihr euch gerade beschäftigt.

Gleichzeitig verbindet sich eure Herzenskraft mit diesem Gedankenfeld. Euer Herz reagiert sofort darauf, welche Gedanken ihr aussendet. Danach beginnt das Herz, das stark mit der kosmischen und planetaren Kraft verbunden ist, sich schwingungsmäßig und elektromagnetisch zu bewegen und sich an die Kraft eurer Gedanken anzubinden. Das Herz hat eine enorme Kraft und eine enorme Anziehungskraft auf

Dinge, Geschehnisse und Situationen, die euch gerade durch den Kopf gehen.

Ihr müsst lernen, mit dieser Wirklichkeit richtig zu arbeiten. Ihr müsst lernen, euch an die Energiefelder, die ihr braucht und die euren Gedanken die nötige Kraft verleihen, anzubinden.

∞

Unsere Zivilisation ist sich der Kraft ihrer Gedanken, der Kraft ihres Herzens als Werkzeug für die kosmischen Schwingungen und kosmischen Gesetze voll bewusst. Unsere Zivilisation hat gelernt, mit ihren Gedanken umzugehen und sie zu ihrem Vorteil zu beeinflussen. Die Steuerung der Gedanken und ihre schrittweise Materialisation beherrschen wir schon sehr gut und sind in der Lage, mit unseren Gedanken so gut wie alles zu beeinflussen.

Wir sind positiv programmiert. Es ist für uns unzulässig, Dinge zu manifestieren, die jemandem schaden könnten oder nicht von Nutzen sind. Darauf haben wir uns mit dem kosmischen Lichtrat geeinigt, der unsere ganze Evolutionsentwicklung mitverfolgt und gesehen hat, wie viel Anstrengung und Zeit wir unserem spirituellen Fortschritt widmeten. Mit dem Geschenk, positive Gedanken und positive Informationen zu manifestieren, hat er uns belohnt.

Das Positive ist unser Weg und unsere natürliche Entwicklung. Wir haben auch ganze Jahrtausende lang daran gearbeitet, uns an die positive Energie anzubinden. Das war unser Ziel, und es ist nach wie vor unsere Aufgabe, in dieser positiven Energie zu bleiben.

Wir sind mit den positiven kosmischen Gesetzen verbunden. Das bedeutet für uns, dass wir vollkommen an sie angebunden sind, mit unseren Gedanken alles manifestieren können, was wir brauchen und was wir uns wünschen, und dass wir uns keine Sorgen zu machen brauchen, dass wir negativ denken oder manifestieren könnten, weil wir das Negative bereits abgelegt haben und unsere Nervensignale deshalb keine negativen Gedanken aussenden. So ist es für uns ein Leichtes und eine Freude »nachzudenken«, uns des Lebens zu freuen und anderen zu helfen, *sie* in einen positiven Zustand zu bringen.

Das einzige Negative, das wir haben und das wir beobachten und mit dem wir arbeiten, sind die anderen planetaren Familien, die sich bisher noch nicht mit den kosmischen Gesetzen verbunden haben. Denn wir müssen mitverfolgen, welche negativen »Produkte« aus ihren Manifestationen entstehen.

Positives Denken und die damit verbundenen Schwingungen erschaffen Wellen um euren Kopf, euer Herz und euren Körper, ein verschiedenfarbiges, wunderschönes Spektrum unterschiedlichster strahlender Effekte, die wir mit bloßem Auge betrachten können. Unsere Wahrnehmung ist schon so weit entwickelt, dass wir die Aura und die Gedanken von uns und auch von den Menschen sehen können, mit denen wir in Kontakt stehen. Eure Gedanken sind eben auch um euren Körper herum lesbar, was die Anbindung an die telepathische Lichtsprache erst ermöglicht. Es ist für uns einfach, diese Gedanken mit bloßem Auge zu dechiffrieren, da eure Gedanken Lichtfrequenzen hervorrufen, die wir verstehen und lesen können.

Was ihr fühlt, was ihr denkt, das strahlt ihr auch aus, und so kommunizieren die übrige Welt und die anderen menschlichen Wesen mit euch. Falls ihr denkt, dass ihr eure unglücklichen und negativen Gedanken in der Tiefe eurer Seele verstecken könnt, liegt ihr falsch. Eine Zeit lang gelingt es euch vielleicht, eure Gedanken und Gefühle zu verstecken, aber euer Körper kann sie nicht ewig in Gefangenschaft und im Verborgenen halten. Er sieht keinen Grund dafür, und im Laufe der Zeit gelangen sie – im wahrsten Sinne des Wortes – an die

Oberfläche, und euer ganzer Körper und euer ganzes Wesen strahlt das aus, was es fühlt und worüber es nachdenkt.

Sensitive Individuen sind in der Lage, einen anderen Menschen sofort zu »durchschauen«, ohne Worte und ohne jegliche Hindernisse.

Euch muss bewusst sein, dass das, was ihr denkt, das, was ihr fühlt, *ihr seid!*

Was ihr mit Seele und Körper ausstrahlt, das strahlt ihr auch mit dem Herzen aus, und das Herz verbindet sich dann mit bestimmten Energiefeldern, die euch neue Situationen oder Besitztum oder den ganzen Lebensweg manifestieren.

Durch eure Gedanken seid ihr an Energiefelder angebunden, die euch und euer ganzes Leben oder Schicksal, wie ihr es nennt, beeinflussen und gestalten.

Ihr klagt so oft über das Schicksal, dabei reicht es schon aus, sich zu reinigen und die Gedanken zu ordnen und nur den positiven und effektiven Gedanken Kraft zu geben!

∞

Ihr habt gehört, was wir sagen, und ihr kennt die Konsequenz: Macht euch bewusst, was ihr wollt, und nicht, was ihr nicht wollt! Das ist einer der Hauptpunkte in eurem Denken. Das, was ihr wollt! Das, was ihr euch wünscht!

Hört auf, euch im Gedankenkarussell zu drehen, das euch keine Erleichterung bringt. Ganz im Gegenteil, ihr werdet euch in diesem Karussell spiralförmig tiefer und tiefer drehen. Ihr verstellt euch selbst den Weg zu euch selbst und zu eurem ursprünglich positiv programmierten Leben, auf das ihr ein Recht habt und das ihr selbst in euren Händen haltet.

Wie viele menschliche Leben, Situationen und notwendige Dinge hätten manifestiert werden können, wenn ihr eure Gedanken besser kontrollieren würdet. Wie viel Unglück und

Leid hätten aus der Welt geschafft werden können, wenn jeder bei sich selbst anfangen und beginnen würde, seine Gedanken zu bewerten, und in seine Welt und seinen Raum keine negativen Gedanken in Form von dunkel schwingenden Gehirnimpulsen mehr hineinlassen würde.

Wie viele Katastrophen könnten abgewendet werden, wenn eure negativ denkende menschliche Zivilisation und all ihre negativ denkenden Gesellschaften ihre Gedanken umkrempeln würden. Je mehr Einzelne in den verschiedensten Organisationen negativ denken, desto mehr sammeln und manifestieren sie dunkle Energien, die nur auf diese Gedanken gewartet haben und sich augenblicklich manifestieren. Ganze Gesellschaften binden sich so an dunkle negative Felder an und manifestieren gleichermaßen holografische wie reale Projekte.

Dunkle Gedanken gehen zu dunklen Gedanken, sie verbinden sich untereinander und bilden riesige Energiefelder, denen man nur durch die bewusste Abtrennung von diesen Menschen entkommt. Seid vernünftig und trennt euch ab. Fangt an, euch eure eigene neue positive Realität zu erschaffen. Trennt euch vom Negativen ab, verbindet euch mit den positiven Energiefeldern.

Sobald euch negative Gedanken in den Sinn kommen, verstärkt sie nicht, sondern verabschiedet euch sofort von ihnen. Es wird euch einige Kraft kosten, aber ihr werdet sehen, dass ihr euren Geist und euer Denken programmieren könnt!

Ihr seid in der Lage, euch auf eine Art und Weise umzuprogrammieren, dass ihr nur noch mit den positiven Energiefeldern verbunden seid, und so werden eure Gedanken größtenteils positiv sein. Das ermöglicht es euch, euer Leben und eure »Schicksalslinie« in Glück und Liebe zu durchleben. Liebe zu euch selbst und Liebe zum anderen.

Eure Gedanken werden sich mit den Energiefeldern des Glücks, der Liebe, der Heilung, der Freundschaft, des Positiven, des Reichtums, der Gesundheit, des Erfolgs – mit allem, was ihr wollt – verbinden ...

Das Universum ist unendlich, und unendlich sind auch seine Möglichkeiten. Unendlich sind auch seine Angebote für euer besseres Leben, und unendlich sind die Energiefelder, aus denen ihr schöpfen könnt.

Wenn ihr zum Beispiel finanzielle Heilung manifestieren wollt, verbindet euch einfach durch euer Herz in Gedanken mit dem positiven Feld des Geldes. Wenn ihr Erfolg im Beruf haben wollt, verbindet euch mit dem Energiefeld des Erfolgs für euren Bereich. Wenn ihr euren idealen Partner finden wollt, verbindet euch mit dem Energiefeld eures idealen Partners. So einfach ist das.

Das Universum hilft euch, und das Universum ist mit euch. Ihr müsst nur eine positive Absicht haben und mit der positiven Kraft eures Herzens handeln.

Dann stellt ihr euch farblich bereits auf die unendliche Schönheit der Energiefelder des Universums ein, und eure Realität beginnt sich zum Besseren zu verändern.

Ihr gelangt in Dimensionen des positiven Seins, in Dimensionen, die euch gehören und auf die ihr ein Anrecht habt. Eure Gedanken und eure Absicht entscheiden darüber. Die Kraft eures Herzens zieht das für euch an, was ihr braucht.

Gedanken und ihre Anbindung an diese Energiefelder sind messbar und dauerhaft mit euren zukünftigen positiven Dimensionen und Räumen verbunden. Dadurch erschaffen sie eure neuen Dimensionen und Räume real. Es werden sich euch Räume und Horizonte öffnen, von denen ihr vielleicht nichts geahnt habt, aber diese Dimensionen, Räume und Horizonte sind hier für euch bereitgelegt, ihr habt Zugang zu ihnen, es genügt, sie zu manifestieren und anzunehmen. Jeder hat Zugang zu ihnen, und jeder kann so viel bekommen, wie er sich gedanklich positiv erschaffen ... manifestiert hat.

Je größer und positiver Absicht und Freude beim Manifestieren der Gedanken sind, desto größeren Erfolg werdet ihr haben. Jeder kann sich seine neue Welt erschaffen. Eure Gedanken sind der Schlüssel dazu.

Stellt euch so häufig ihr könnt die Situation vor, die ihr mit all ihren Details erschaffen wollt.

Verbindet euch zuerst mit dem Energiefeld eurer Situation und manifestiert danach gedanklich und visuell euren Wunsch, ob er nun materiellen oder immateriellen Ursprungs ist. Stellt euch vor, was für wunderschöne Farben eure Gedanken und euer Herz haben und mit welcher Kraft ihr euch mit den Energiefeldern verbindet. Lasst alle negativen Gedanken, die euch dabei kommen, bewusst los und konzentriert euch auf positive Gedanken und nur auf diejenigen, die ihr wollt und die für euch brauchbar sind.

Hört auch auf, negativ über andere zu denken. Lasst anderen ihre Entwicklung. Negatives Denken über andere zieht wieder mehr Negativitäten an. Entledigt euch des Negativen und des negativen Denkens. Leitet alles Negative aus eurem Geist und aus eurem Herzen aus.

Es erfordert Training und Disziplin, aber ihr werdet sehen, dass ihr euch mit der Zeit an unsere Ratschläge erinnert. Ihr werdet euch immer besser fühlen und euer Leben so leben, wie ihr es wollt. Ihr werdet keine Kompromisse mehr machen müssen und keine Einbußen mehr haben, weil derjenige, der im Positiven lebt, mit sich selbst zufrieden ist.

Er zieht Optimismus und Positives in sein Leben, das dem Negativen *keine* Chance gibt.

∞

Liebe dich selbst! Damit hilfst du dir selbst am meisten – und kannst anschließend anderen helfen.

Sich selbst lieben, sein Wesen, seine Gedanken und sein Handeln lieben, ist unerlässlich. Nur so kannst du dein Leben positiv umprogrammieren.

Liebe dich selbst als strahlende Wesenheit, die mit ihrem Strahlen an die kosmischen Gesetze angebunden und in der Lage ist, über ihre Gedanken selbst zu entscheiden – und nimm keine fremden negativen Gedanken an. Das ist die Grundlage – und gleichzeitig eine große Aufgabe. Die Aufgabe besteht darin, sich das *bewusst* zu machen.

Es geht darum, sein eigenes Denken zu verändern und umzuprogrammieren und dadurch auch seine Zukunft, sein Leben und sein ganzes Sein.

Vom positiven Denken und seiner Manifestation ist es dann nur noch ein kleiner Schritt, sich sein Glück und seine Verbindung mit der bedingungslosen Liebe der Unendlichkeit zu materialisieren!

Die Kraft der Stille

Eure Gedankengänge beeinflussen euer ganzes Sein auf eurem Weg durch das irdische Leben. Eure Gedanken und ihr Fluss wirken sich auf den Haushalt eurer physischen und mentalen Kräfte aus. Ja, die Gedanken, die ihr produziert, beeinflussen die Vitalität eurer Seele und eures Körpers.

Gedanken mit leichter, verspielter, freudiger und positiv aufgeladener Energie und ihre Wellen bringen eurem Körper Freude, Lebendigkeit und Lebensenergie. Dunkle und negative Gedanken bringen eurem ganzen körperlichen und psychischen System Schwerfälligkeit und das Gefühl einer unüberwindbaren Müdigkeit und das Gefühl der unmöglichen Lösbarkeit eurer Situation.

Glaubt nicht, dass ihr Menschen die Einzigen seid, die so denken. Schwerfälligkeit und die Unnatürlichkeit solchen Handelns erleben auch manche andere Planeten, auf denen derart denkende Zivilisationen siedeln.

Durch euer schwerfälliges Denken gelangt ihr sogar auf die Ebene der anderen negativen Zivilisationen und bindet euch frequenzmäßig an sie an. Eine solche *Blockade*, die tatsächlich *interplanetar* ist, ist mehr als belastend und zieht immer weitere negative Situationen und Emotionen an.

Gebt acht! Ihr nehmt damit die Schwerfälligkeit anderer planetarischer Zivilisationen an.

Wir hoffen, dass euch langsam klar wird, dass ihr das negative Denken auflösen müsst, und wir hoffen, dass ihr versteht, was solch negatives Denken verursachen kann. Ihr nehmt nicht nur die Negativitäten der anderen Mitglieder *eurer* Gesellschaft und des Planeten auf, sondern zieht gleichzeitig wie ein Magnet ähnliche negative Muster und Schwingungen *anderer*, außerirdischer Zivilisationen an.

Das Gesetz der Resonanz wirkt sehr zuverlässig, darauf könnt ihr wetten. Positiv wie negativ. In beiden Fällen seid ihr in der Lage, Informationen in den Äther auszusenden, die euch auf jeden Fall – rückwirkend – beeinflussen.

Macht euch die Kraft eurer Gedanken bewusst. Der Gang und Fluss eurer Gedanken beeinflusst euer ganzes irdisches Leben, und deshalb *kontrolliert* eure Gedanken und gebt nur positiven, kreativen und hoch schwingenden Gedanken Raum!

∞

Eine weitere Möglichkeit, sich an die Kraft und das Positive der planetaren und interplanetaren Systeme der Lichtsprache anzubinden ist die Sprache der Musik, der Klänge.

Klänge und Töne gehören zu den wichtigsten physikalischen Größen. Das, was ihr als Klang oder als Stille wahrnehmt, gehört unabdingbar in eure Welt und in eure Wahrnehmung, genauso wie für die Wahrnehmung der Lichtwelt die Farben und Formen erforderlich sind, die sich auf so vielen Ebenen um euch herum befinden.

Klang und seine Schwingungen sind Teil der Verständigung zwischen Wesen unterschiedlichsten Charakters. Telepathie, Lichtsprache und Klang mit seinen Frequenzen weisen nur sehr geringe Unterschiede auf. Das, was euch Menschen als

Stille erscheint, kann anderen Wesen als akustischer Lärm erscheinen, als unerträgliche Geräuschfrequenz. Es kommt darauf an, welche geometrische Veranlagung ihr in die Wiege gelegt bekommen und auf welchem Planeten ihr euch zu leben entschieden habt. Ihr solltet diesen Zusammenhang begreifen, der auch für jeden von euch den Unterschied ausmacht zwischen Klang und Stille, zwischen eurer Wahrnehmung und eurer Verständigung mit Hilfe des Klangs. Jeder Planet ist mit einem anderen Frequenzklang ausgestattet, jede Galaxie hat einen anderen Ton, und dennoch muss sie klangmäßig in das ganze System des Universums passen.

Nach dem Aufsteigen aus eurer körperlichen Hülle werdet ihr feststellen, dass eure Seele in der Lage ist, Klänge und Töne wahrzunehmen, die sie noch nie gehört hat. Ebenso wird sie Farben wahrnehmen, die sie vorher nicht wahrnehmen konnte, weil euer Gehirn nicht in der Lage war, die Farbunterschiede erfassen.

Genau das wollen wir mit diesen Informationen ausdrücken: Euer Körper ist einer gewissen Grenze der Wahrnehmung von Farben und Klängen unterworfen!

In Wirklichkeit sind die Welten im Universum vielfältig und klangmäßig wunderschön. Jede einzelne Welt ist solchermaßen vielfältig und wunderschön. Ganze Zivilisationen können sich in der telepathischen Sprache und in der einheitlichen Klangsprache verständigen. Eure eigene Gesellschaft »besitzt« viele Künstler, die von anderen hoch entwickelten Planeten oder Planetensystemen zu euch in die Inkarnation gekommen sind und die bereits wissen, dass die Kommunikation mithilfe wunderschöner Klänge Herz und Geist verbindet.

Die Werke einiger eurer Künstler, herrliche harmonische Symphonien, Balladen und weitere Kunstwerke, die sich schwingungsmäßig an der Grenze eurer gehirnmäßig positiven Wahrnehmung bewegen und sich »im Gedächtnis einprägen und unter die Haut gehen«, gehören zum Teil zur lichtvoll schwingenden Sprache der Klänge. Das, was ihr als harmonisch empfindet, gehört zu eurem Ich und zu eurer Verbindung mit der kosmischen Welt.

Wenn ihr Menschen mit eurer Ausstattung an Gehirnkapazität über den Planeten aufsteigen würdet, würdet ihr nichts anderes als Stille wahrnehmen. Diese Stille, eine durch die göttliche Intelligenz höchst positiv aufgeladene Stille, ist eines eurer wichtigsten Elemente für die Verbindung mit der göttlichen Kraft und den göttlichen Gesetzen. In der Meditation könnt ihr diese Stille fühlen.

Unruhe und ewige Aufregung auf eurem Planeten erzeugen viele niedrig schwingende Töne, mit denen ihr euch auf keinen Fall an die Klangschwingung des Universums anbinden könnt. Alles Negative erzeugt disharmonische Töne, die sich in eure Körper und in eure Erde übertragen. Die Töne erzeugen ganze Gebilde und disharmonische Geflechte, die sich frei über euren Planeten und sein ätherisches System bewegen. Sie treten in die Matrix des Planeten ein und entwerten ihre Signatur.

Klang und Licht müssen zueinander passen. Deshalb weisen wir ständig darauf hin, dass ihr euch mit dem Inneren eurer Seele verbinden sollt – dass ihr meditieren und euch auf diese Weise an die Stille des Universums anbinden sollt. An eine Stille, die in Wahrheit gar keine Stille ist, sondern eine wundervolle Harmonie lieblicher Klänge und Töne, die der Mensch in einem Zustand tiefster Meditation oder eben in den Zeiten zwischen den Inkarnationen, wenn sich eure Seele, verbunden mit dem Höheren Ich, im ätherischen Raum des Universums befindet, wahrnehmen kann.

Klang und seine Töne sind physikalischen Größen, sie sind wirklich und echt. Wir benutzen sie als Antrieb für unsere verschiedensten Vorrichtungen und Geräte.

Auch Klang, der nicht wahrgenommen werden kann, hat enorme Kraft. Eure Zivilisation ist bereits im Begriff, dies zu erkennen und sich dessen zu bedienen, ihr nehmt eine gute Entwicklung, aber bisher gelingt es euch noch nicht, die negativen Überreste oder Nebenprodukte der Klangenergie aufzulösen und zu neutralisieren, so dass ihr euren Planeten weiter mit Klangmüll verunreinigt.

Ihr denkt, dass es für euch und für euren Planeten kein Problem ist, wenn ihr kein Geräusch hört, aber da liegt ihr sehr falsch. Ihr schafft es noch nicht, den Klang soweit zu dämpfen, dass kein »schwingender Geräuschmüll« entsteht und den Planeten und letztlich eure gesamte Planetenkonstellation belastet. Ihr denkt, dass das, was ihr nicht hört, nicht existiert – und weiter beschäftigt ihr euch nicht damit.

Ihr müsst euch an die reinste Energie des Universums anbinden, in der alles enthalten ist. Absolut alles. Es gibt unendliche Möglichkeiten für alle und alles und für absolut alle positiven Varianten der Lösung verschiedenster Situationen.

Ihr könnt jetzt Informationen bekommen, auf die ihr so lange gewartet habt. Ihr könnt euch Dinge klarmachen, für die ihr bisher keine Erklärung hattet. Ihr braucht euch dazu nur mit der Kraft eures Inneren und seiner frequenzmäßigen Verwandtschaft an die Licht- und Klangsprache des Universums anzubinden.

Sich an diese reinste positive Energie anzubinden gelingt ohne Probleme denjenigen Einzelwesen, die rein im Herzen und in der Seele sind. Deshalb bleiben ihnen diese Gesetzmäßigkeiten des Universums nicht vorenthalten. Intuitiv reinigen sie ihr Sein auf allen Ebenen, sind mit ihren Gedanken und mit ihrem Herzen zu allem in der Lage. *Zu absolut allem.* Die einschränkenden Grenzen, sich an die kosmischen Gesetze anbinden zu können, fallen, und einmal an das Wissen des Universums und der kosmischen Lichträte angebunden, sind diese Einzelwesen in der Lage, Informationen und für euch brauchbare Kräfte zu erhalten, die euch zu einem besseren Sein auf dem Planeten Erde führen.

Ihnen bleibt das komplexe, ja *überaus* komplexe Wissen und Verstehen der gesamten kosmischen Situation und ihres Geschehens nicht vorenthalten.

Von den Einzelwesen, die sich zum Vorteil der positiven Entwicklung eurer Gesellschaft auf den Planeten Erde inkarniert haben, gibt es in dieser Zeit immer mehr. Sie wurden durch den Lichtrat geschickt, und sie werden Informationen unter euch verbreiten, die für euch vor einigen Jahren noch undenkbar gewesen wären.

Diese Einzelwesen wachsen in eurer Zeit heran und sind in den meisten Fällen gerade jetzt junge Menschen, die in ihrer »Lebensaufgabe« die Arbeit für die menschliche Gesellschaft sehen und niemals daran zweifeln werden.

Schätzt sie und unterstützt sie. Vielleicht seid das genau ihr oder eure Kinder, die euch oft mit fortschrittlichen Ansichten und Informationen überraschen, welche sie weder in den veralteten Schulsystemen erfahren noch aus irgendwelchen Lehrbüchern herausgelesen haben können. Da solche Lehrbücher nicht existieren. Es gibt keine Lehrbücher, die euch zu 100 Prozent von Nutzen wären. Es existieren keine Schulsysteme, die euch beibringen, in dieser Welt der sich bewusstseinsmäßig entwickelnden Dimensionen und entfaltenden Parameter zu leben!

Das veraltete Bildungswesen ist belastend, und es ist dringend erforderlich, es abzubauen. Es ist notwendig, sich über euer gereinigtes Inneres an die Bildungssysteme der kosmischen Gesetze anzubinden.

Beginnt, Schulen und Seminare zu besuchen, die der kosmische Lichtrat abhält, der euch spielend leicht und mit größter Geschwindigkeit in eure wahrhafte Bewusstseinsebene bringt. Ihr alle habt Zugang zu diesen Informationen. Fangt an, *unsere* Seminare und Schulungen zu besuchen, die wir individuell für Einzelwesen abhalten, welche sich fortbilden möchten, die verstehen, dass die veralteten Lehrbücher politische und historische Zusammenhänge und oftmals Unwahres berichten und keinen Nutzen für Entwicklung und Wissen bringen.

Es wird immer mehr Individuen unter euch geben, die sich ihrer »Rolle« auf dem Planeten Erde bewusst sind, die euch und eurer Gesellschaft helfen werden. Sie werden sehr gut »richtige« Ebenen von negativ-irreführenden unterscheiden können, und sie werden jegliche Angelegenheiten in der Entwicklung der Menschheit verstehen.

Unterstützt sie und helft ihnen!

DESHALB SEID IHR HIER!

Bislang müssen diese intuitiven Helfer den veralteten Bildungssystemen, dem Denken der Menschen und ihrem Desinteresse daran, die Welt zum Positiven zu verändern, allein die Stirn bieten. Helft ihnen!

Diese Einzelwesen haben oft einen sehr schwierigen Weg durchs Leben, auch wenn sie ahnen, dass ihre Aufgabe ganz klar ist. Nicht alle sind psychisch so stabil, dass sie dem Druck der menschlichen Gesellschaft standhalten und ihr Wissen aus der kosmischen Welt weitergeben. Hört nicht auf, sie zu unterstützen, und falls ihr selbst zu ihnen gehört, habt ihr unsere tiefste Bewunderung und unseren Dank dafür, dass ihr euch auf den Planeten Erde inkarniert habt.

Ihr tragt etwas zur menschlichen Gesellschaft bei. Euer Wissen, welcher Art auch immer, wird geschätzt, und jedes aus der kosmischen Welt für die Entwicklung der menschlichen Gesellschaft mitgebrachte Wissen passt wie das Teil eines Puzzles in das Gefüge eines großen komplexen Bildes. Euer frequenzmäßig starkes Wissen und jede Wissensfrequenz bleiben geometrisch auf dem Planeten Erde, sie erzeugen ihre eigenen positiven Wissens-Energiefelder, die sich an weitere Energiefelder von aus dem unendlichen Universum gebrachten Wissensformen anbinden.

Dadurch erschafft ihr größere und immer größere Energiefelder, mit denen sich weitere menschliche Wesen verbinden werden können, die eurer Gesellschaft auf irgendeine Art und Weise helfen wollen. Sie werden Kraft und Informationen aus ihnen erlangen. Versteht ihr, wie wichtig es ist, diese Individuen zu unterstützen und mit ihnen zusammenzuarbeiten? Sie bringen Informationen beispiellosen Charakters auf eure Erde. Manche von ihnen, oder eben von euch, tragen auch Erfindungen in die Welt, die euch nutzen und nicht den Planeten belasten werden. Vielleicht gerade das, womit man den Müll der Klangenergie neutralisieren kann.

Damit auch ihr anderen etwas beitragt, verbindet euch ständig über euer Herz mit eurem Inneren und den Gesetzen des Universums. Mit seinem Klang und seinen Schwingungen, die ihr menschliche Einzelwesen als Stille wahrnehmt.

Die Stille ist so unendlich wie das unendliche Universum.

∞

Wir haben euch mitgeteilt, dass Klänge Bilder erzeugen und dass Klang eine starke Heilenergie trägt. Klang ist heilend und beruhigend. Ja, beruhigend und inspirierend. Wenn ihr euch der wundervollen Stille und der Symphonie des Universums und seinen Gesetzmäßigkeiten annähern wollt, könnt ihr dazu die folgende Zeichnung verwenden.

Seht sie euch an, platziert sie an eurem Herz, haltet sie in euren Händen oder legt sie beim Meditieren auf euer Solarplexus-Chakra. Verwendet sie intuitiv nach eurem Herzen und nach eigener Einschätzung.

Ein einfaches Bild, in dem die Ganzheit und eure grundlegende geometrische Ausstattung zum Ausdruck kommt, die in die Geometrie des Universums passt.

Es bringt Unendlichkeit und Verganzheitlichung zugleich. Einfachheit birgt die stärksten Informationen.

Frieden, Licht und Inspiration mit euch!

Bedeutung eurer weltpolitischen und weltwirtschaftlichen Situation

Dass ihr zur Natur gehört, müssen wir nicht erst hervorheben. Dass viele Menschen dies sehen und verstehen, müssen wir ebenfalls nicht wiederholen. Wie viele Menschen die Natur und ihren Reichtum aber schänden und zerstören, ist wirklich beunruhigend und kann gar nicht oft genug benannt und aufgezeigt werden.

Eure Natur und ihre Seele Gaia leiden. Sie lassen euch Menschen jedoch bisher wirken. In manchen Teilen eurer Erdkugel bricht Gaia zusammen, aber die Menschen halten das für Naturkatastrophen und lassen sich nicht von weiteren Schandtaten abhalten.

Wir wissen, dass wir bereits mehrmals darauf hingewiesen haben. Wir wissen, dass wir euch schon oft Zeichen gegeben haben, doch wir müssen anhaltend an euch appellieren, unablässig, immer wieder, dass von eurem Planeten nicht einmal mehr ein Staubkorn übrigbleiben wird, wenn ihr euch weiter so gegenüber Mutter Natur verhaltet.

Der Planet zerfällt in Milliarden Teilchen, und das buchstäblich – mit euch, eurer irdischen Zivilisation!

Nur wenige in eurer menschlichen Gesellschaft verstehen das. Schaut euch zum Beispiel die Industrie und zerstörerische Kraft Chinas an, sein Unverständnis und die Verwüstung des riesigen Landes. Sie schaufeln sich ihr eigenes Grab.

Es genügt nicht, dass sie ihr Land zerstören, dass sie Millionen von Leben zerstören, sie verteilen diese ungesunde Kraft auch noch über den Planeten. Ihre zum Nachteil der eigenen Bevölkerung und der Natur hergestellten Erzeugnisse könnt ihr fast auf der ganzen Welt finden. Die riesige und erschütternde Kraft dieser furchtbaren Industrie beeinflusst alles. Ihre Geschäftstüchtigkeit und ihre unaussprechliche, überbordende Arbeitsmoral sind immerwährend wie ein Perpetuum mobile, allerdings zum Nachteil von Millionen Einwohnern. Aus unserer Perspektive ist diese Situation sehr bedrohlich für andere Völker und eure gesamte Zivilisation.

Die Macht der Geldenergie, das sich täglich in dieser so riesigen Region China abspielende Unglück, stellt wirklich und wahrhaftig eine Gefahr für euch dar. Wir wollen hier nicht tadeln, wir wollen warnen – und wir wollen euch eine gesunde Sichtweise auf den Handel der Chinesischen Republik mit der ganzen Welt anbieten. Die finanzielle Situation ist so negativ und unerträglich, dass sich eine dunkle Wolke über ganz China ausbreitet. Es bereitet uns beträchtliche Mühe, täglich diese dunkle Energiewolke zu transformieren und damit dieses Gebiet zu heilen.

Wie verschiedenartig und dunkel eure menschliche Zivilisation doch manchmal schwingt. Auf welche Weise sich die neuzeitliche Geschichte der Menschheit doch entwickelt hat. Wie sehr sich Beziehungen und der ständige Druck von menschlichen Gruppen auf andere menschliche Gruppen doch verschlimmert haben. Wenn wir eure Situation sehen und die

Entwicklung betrachten, sozusagen »von oben«, aus einer anderen Dimension, macht uns das oft sehr traurig.

Wir verbinden uns mit vielen führenden Köpfen verschiedenster Staaten auf eurer ganzen Erdkugel und haben physischen Kontakt mit ihnen, ob ihr es glauben wollt oder nicht. Wir halten regelmäßig interplanetarische Konferenzen ab, zu denen die Staatshäupter eingeladen werden, und wir kommunizieren mit ihnen und versuchen, zu Kompromissen zu gelangen. Jeder Präsident und jede Regierung verfügt über streng geheime Informationen, von denen die Gesellschaft bisher nichts erfahren durfte.

»Normalsterbliche« würden es als schreckliche Bedrohung aus dem Universum ansehen.

Viele Individuen auf eurem Planeten glauben nicht daran, dass andere Zivilisationen überhaupt existieren, geschweige denn, dass wir regelmäßig Kontakt mit den wichtigsten Köpfen mächtiger Staaten der Welt haben!

Wir kommen meistens in eurer menschlichen Gestalt zu ihnen, denn wir können unseren Körper modifizieren und die Gestalt und den Körper unterschiedlichster Wesen annehmen, und die Gestalt von Menschen akzeptiert eure Gesellschaft bislang am ehesten. Wir treffen uns mit den Staatshäuptern bereits seit vielen Jahrzehnten und »kämpfen« durch unseren Frieden gegen dunkle Kräfte und die Familien der Mächtigen, die auf eurem Planeten mit ihrer finanziellen Macht und aufgrund ihrer Verbindung mit den dunklen Kräften praktisch die ganze Welt regieren.

Es sind nur einige hundert dunkler, in menschlicher Gestalt inkarnierter Individuen, die eure Geschichte – Gegenwart und Zukunft – schreiben.

Einige hundert Individuen!

Ein paar hundert Individuen, die es schaffen, ALLEN auf dem gesamten Planeten ihr Leben vorzuschreiben. Ein paar hundert Individuen, die ungeheuren finanziellen Reichtum angehäuft haben, und das unter unfassbaren Bedingungen auch weiterhin tun, während ständig viele Millionen Menschen an Hunger sterben.

Diese Individuen, die wir als »Unkraut« der Gesellschaft bezeichnen (verzeiht uns diesen tiefgreifenden Ausdruck), sind unablässig angebunden an die Kraft und Frequenz des Volkes der Illuminaten und anderer lähmender, in unserer wunderschönen gemeinsamen Galaxis befindlicher Völker.

Sie zerstören nicht nur euren Planeten, die Gesellschaft und Millionen menschlicher Leben, sie zerstören auch die Frequenz der anderen Planeten, die bereits in höhere Parameter eingestiegen sind.

Sie schrecken vor nichts zurück. Das Einzige, wovor sie Angst haben und das ihr Wirken verhindern kann, sind eine absolut reine Frequenz und die Verbindung mit der absolut reinen Energie des Univerums und der göttlichen Kraft.

Wenn ihr rein, wirklich *rein* strahlt, können sie eure Frequenz des Körpers und des Geistes nicht angreifen. Im Gegenteil, sie haben dann vor euch Respekt und sogar Angst, weil ihre Kraft verpufft wie ein Tropfen auf einem heißen Stein.

Lasst euch nicht entmutigen und schützt euch mit eurem Licht vor Menschen, die dunkle Elemente paralysierender Energiesysteme in sich tragen. Nehmt nicht ihre Auffassungen an und lasst ihre Kraft nicht zu. Die Kraft des Lichts ist stärker, und wenn ihr mehr seid, werden diese Individuen über euch alle keine Macht mehr haben.

Ja, sie werden dann ihre Macht über euch alle verlieren!

Sie werden die Macht verlieren über Menschen, die jetzt noch gehorsam arbeiten, hohe Steuern zahlen und nicht darüber nachdenken, dass dieses politische und wirtschaftliche System der Welt lediglich künstlich erschaffen ist und in Wahrheit nur von ein paar hundert Individuen gelenkt wird.

Diese paar hundert Personen haben aus dem Planeten Erde ihr eigenes System gemacht, das ihnen passt, das sie für richtig halten und das sie ununterbrochen ausbeuten.

Denkt bitte nicht, dass jeder Kontinent seine eigenen Regeln und seine eigene Wirtschaftsgemeinschaft hat. So erscheint es nur auf den ersten Blick. Auf den zweiten Blick erkennt ihr, dass diese paar hundert Personen die ganze Welt regieren, ja, die ganze Welt – und die Verschiedenheit der Welt überdeckt lediglich die Ereignisse, die von diesen dunklen Individuen ausgehen, macht sie unauffällig.

Es ist eine große Familie, sie sind alle verwandtschaftlich miteinander verbunden, wenn auch in heutiger Zeit nur noch sehr entfernt.

Es ist *ein* Geschlecht, das eure Erde regiert!

Bis in welche Ebenen ihre Macht reicht, müssen wir nicht mehr erklären. Das, was ihr für politisch korrekt haltet, ist in Wahrheit eine durchsichtige Lüge, und das, was ihr für falsch haltet, dient dieser Familie ebenfalls.

Positive wie negative Informationen, mit Hilfe der Medien in die Welt hinausgetragen, haben unglaubliche und unermessliche Auswirkungen. Diese dunklen Kräfte verwenden Symbole, die sich auf den Geldscheinen der USA und vieler anderer Staaten finden, Symbole, die ihr auch in euren »heiligen« Kirchen und Kathedralen findet. Symbole, im Fernsehen und im Radio. Symbole, die in den Äther ausstrahlen und die Mehrheit der Bevölkerung eures Planeten beeinflusst.

Diese negative geometrische Signatur ist leicht auf Individuen übertragbar, die nicht mit der positiven Welt des Universums und der göttlichen Kraft verbunden sind, und auf Individuen, die mit ihren Auffassungen und ihrer Demut wie Schafe dem Staatssystem dienen.

Jeder Staat auf eurem Planeten ist für diese Familie ein Puzzleteil, und wenn dieses Puzzle ein Ganzes bildet, haben sie gewonnen.

Zum Aussenden von Informationen in den Äther verwenden sie Vorrichtungen, die euch noch nicht bekannt sind, Geräte, die holografisch Informationen verbreiten und belastende Bilder hinaustragen.

Es sind dies Informationen, die Panik unter den Bevölkerungen der ganzen Welt verbreiten.

Für euch ist es schwer vorstellbar, aber die Projektoren erzeugen bei euch unterschiedliche Realitäten und Bilder von Geschehnissen in der Welt, die ihr für wirklich haltet und die euch Angst machen.

Mit Hilfe der Projektoren übertragen diese dunklen Mächte eine negative geometrische Signatur. So machen sie aus den Bewohnern eures wunderschönen Planeten ihre Schäfchen und »ihr« Volk.

Ihr wollt doch sicher nicht zu einem Volk ohne Seele und Bewusstsein gehören.

Ja, ihr habt richtig gehört, den menschlichen Wesen wird durch diese negativen Symbole ein Teil ihrer Seele genommen, und um die Seele wieder »ganz« zu machen, wird dieser Bereich mit ihrer Energie und Signatur aufgefüllt.

Die Bewohner eures Planeten werden zu wandelnden lebenden Marionetten, denen ein Teil ihrer vernünftigen Seele und des vernünftigen Denkens fehlt. Zu fanatisierten Wesen, die an die Macht und Energie des Geldes, der Negativität, des Pessimismus angebunden sind – ohne Lebenssinn und ohne Zukunftsfreude.

Sie werden zu Wesen ohne eigene Meinung, die einzig ihre politischen oder staatlich übergeordneten Zuständigen für bare Münze nehmen. Sie lassen für sich entscheiden und lassen sich durchs Leben tragen. Sie sterben an durch die menschliche Zivilisation verursachten Krankheiten und haben zuvor ein Leben durchlebt, das man als überaus traurig und gleichzeitig sinnlos bezeichnen könnte.

∞

Findet ihr die von uns beschriebenen Elemente dieser menschlichen Gesellschaft auch in euch wieder? Oder habt ihr nun endgültig entschieden, das zu beenden, eine eigene Meinung zu haben und ganzheitlich aus diesem ungesunden System auszusteigen? Gibt es Parallelen, die ihr in euch tragt? Dann müsst ihr euch dessen entledigen und aufhören, ein zum Vorteil der alleinmächtigen Familie funktionierendes Wesen zu sein.

Durchleuchtet euch mit Licht, verbindet euch mit der Kraft des Plejadengestirns, das die bedingungslose Liebe der göttlichen Intelligenz in sich trägt. Unsere Gemeinschaft hat mit diesen Machtstrebenden ein für allemal Schluss gemacht, und wir lassen uns dank unserer lichtvollen Kraft nicht durch sie beeinflussen. Die Kraft Gottes und die positive Energie des Universums sind stärker und überwiegen.

Eure Erdkugel ist besetzt. Sie ist okkupiert. Die lähmende Kraft dieser Familie löscht bestimmte Informationen in eurem Gehirn aus und hinterlässt nur Informationen, die sie für ihr eigenes Wachstum braucht.

Sie hat ein dunkles Gitternetz über dem ganzen Globus erzeugt, an das alle Kontinente angebunden sind.

Ihr müsst euch dessen bewusst werden und anfangen, euren Lebensstil und euer Denken zu verändern. Trennt euch von anderen Personen und Gedanken ab, die negativ sind. Schickt ihnen dafür Liebe – und euch selbst auch. Bindet euch nicht an die negativen Pole der politischen und finanziellen Angelegenheiten, Medien und anderen negativen Formen. Befreit euch und heilt euch auf allen Ebenen! Heilt euch selbst und heilt die Umgebung um euch herum. Je mehr ihr seid, desto mehr Positives und Licht werdet ihr durch die geometrische Reihe bei anderen verbreiten.

Erzeugt täglich, morgens wie abends, oder mehrmals täglich, visuell eine goldene Säule, die aus dem Universum kommt. Lasst sie in die Erde eintreten und seht, dass ihr euch in dieser Säule befindet – und dort reinigt euch. Diese goldene Säule tragt ihr fortan in euch – und seid gleichzeitig in ihr. Ihr steht im Strahl eines »Reflektors«. Und keine negative Kraft hat zu dieser Lichtsäule Zugang. *Keine.*

Durchleuchtet so auch die anderen Mitglieder eurer Familie. Erzählt ihnen, was euch belastet. Vielleicht verstehen sie eure Sorgen und euer Wissen über die ernste Weltsituation und fangen selbst an, sich zu durchleuchten und sich von der negativen Gesellschaft abzutrennen.

Lasst so viele menschliche Einzelwesen wie möglich strahlen. Lasst eure ganze körperliche Hülle und ätherische Schicht strahlen. Jedes eurer Organe, jede eurer Zellen strahlt und ist mit der Kraft des Universums verbunden.

Frieden und Licht mit euch!

*Diktiert durch mehrere Vertreter des Lichtrats,
dem eure Erleuchtung und euer Verstehen der ganzen
weltlichen und wirtschaftlichen Situation wichtig ist.*

Erkennen deiner Lebensaufgabe und Reinigung deiner Seele und deines Körpers von durch dunkle Mächte übertragenen Informationen

Kodierte Informationen, die durch die Medien oder in irgendeiner anderen Gestalt oder Form zu euch kommen, beeinflussen nicht nur euer Leben und euren Lebensweg, sondern auch unzählige weitere eurer karmischen Signaturen. Dadurch beeinflussen sie auch unzählige weitere eurer nächsten Leben und unvermeidlich auch die Entwicklung eurer vergangenen Leben. Wie ihr bereits alle wisst, ist die Zeit nur eine physikalische Größe, und man kann sie leicht und spielend bewegen und sie manipulieren.

Genau das machen dunkle Mächte. Sie bewegen spielend leicht Informationen eurer vergangenen Leben, und ihr glaubt, dass diese Informationen absolut existieren und ihr sie nicht ändern oder im besten Fall transformieren könnt.

Sie beeinflussen auf diese Weise euer jetziges und damit auch zukünftiges Leben. Daran könnt ihr sehen, dass ihr fast nichts glauben könnt. Ihr seht, was dunkle Mächte mit euch machen, und ihr seht, dass ihr nur eurem Herzen und eurer Intuition vertrauen könnt.

Kodierte Informationen, die euch in eure Gehirnhemisphären eingegeben werden, lassen euch ein Leben ohne eigene Meinungen und ohne positive Perspektiven leben.

Eure Gesellschaft »besitzt« viele reife Seelen, die sich unablässig bemühen, euer gesamtes irdisches Leben, das von euch allen, zum Positiven zu ändern. Sicher habt ihr bemerkt, dass gerade die Mehrheit dieser seelisch reifen Einzelwesen sehr oft durch eine Lebenslinie gehen, die nicht beneidenswert ist. Ihre Leben sind sehr häufig von negativen Situationen durchwoben. Sie sind von viel Unglück durchdrungen, sie leiden an unheilbaren Krankheiten, und sehr oft endet ihr Leben vorzeitig ...

Es liegt nicht im Interesse der dunklen Mächte, diese Einzelwesen auf dem Planeten Erde zu dulden. Es liegt im Interesse der dunklen Mächte, diese Einzelwesen zu zerstören, auf welche Art auch immer.

∞

Viele von euch sind bewusste Menschen und Menschen mit Licht im Herzen, die sich ständig bemühen, ihr Leben zum Besseren zu verändern, aber immer das Gefühl haben, dass sie vom Weg abkommen oder nicht genug Unterstützung durch das Universum erhalten.

Ihr habt häufig das Gefühl, dass ihr schon fast am Ziel einer bestimmten Aufgabe oder Situation seid – und *kurz* vor der Verwirklichung eures Plans bricht euer Traum zusammen. Wer, glaubt ihr wohl, ist dafür verantwortlich ... ?

Bei solchen Menschen, wie ihr es seid, sind die dunklen Mächte sehr wachsam und bemühen sich unermüdlich, euch vom Weg abzubringen, euren Glauben an die Lichtwelt zu untergraben. Sie schicken euch ständig Leute und Situationen ins Leben, die euch von diesem Weg abbringen sollen.

Wie oft musstet ihr euch bereits anhören, dass ihr Träumer, Verrückte, unrealistisch und Menschen seid, die nicht des irdischen materiellen Lebens fähig sind?

Wie oft habt ihr gehört, dass ihr nicht das Recht habt, nach eurem Herzen zu leben, und dass ihr euch besser in die Norm der Gesellschaft einreihen und euch selbst und anderen nicht solche Schwierigkeiten machen solltet? Wie oft seid ihr euch anders vorgekommen und tut es noch? Wie oft habt ihr euch in dieser menschlichen Gesellschaft wie »in die Höhle des Löwen geworfen« gefühlt?

Wie viele Unannehmlichkeiten und Schmerzen haben euch euer Glaube und euer Weg nach dem Licht schon gebracht?

Glaubt daran, dass ihr – gerade ihr, die ihr dieses Buch lest, und das wirklich nicht »zufällig« – zu den Lichtboten gehört!

Ihr müsst euch bewusst werden, dass euch, bevor ihr auf den Planeten Erde herabgestiegen seid, gänzlich klar war, was für eine äußerst beschwerliche und schwierige Aufgabe ihr auf euch nehmt. Ihr habt gewusst, was das alles für euch bedeuten wird, und ihr habt gewusst, wie schwierig dieser »Kampf« wird. Ihr habt aber *auch* gewusst, dass eure Aufgabe durch die Lichtwelt wertgeschätzt wird und dass die Lichtwelt euch immer zur Seite steht, sobald ihr euch an sie erinnert oder Kraft aus ihr schöpfen wollt.

Vor eurem Herabsteigen auf den Planeten Erde wurde euch euer ganzes Leben auf der irdischen Welt vorgespielt, und ihr habt genau gewusst, was euch auf diesem Weg erwarten wird und welche Mächte in Gestalt menschlicher Wesen euch beeinflussen werden. Ihr habt bis ins Detail erfahren, mit wem ihr euch hier trefft, und ihr habt uneingeschränkt und ohne Zweifel gewusst, dass ihr *nicht* euren Glauben verliert, ihr eurem Herzen und eurem Wissen treu bleiben werdet. Ihr habt euch versprochen, nicht die Verbindung zu eurem Höheren Ich zu verlieren, das euch auf diesem irdischen Weg führt, und ihr habt euch versprochen, dieses irdische Leben mit der Kraft, die euch von oben verliehen wurde, durchzuhalten.

Das alles habt ihr gewusst – und in der Tiefe eurer Seele wisst ihr, wenn ihr diese Worte lest, genau, worum es geht, und könnt euch an eure lichtvolle Abmachung erinnern.

Beschwerlichkeiten entstehen in eurem Leben nur dann, wenn ihr diese Abmachung mit der Lichtwelt und euch selbst vergesst.

Ihr müsst euch erinnern – und ihr müsst wieder anfangen, euch auf die Lichtwelt zu verlassen. Sie lässt euch nicht von diesem Weg abkommen und unterstützt euch immer, *wenn* ihr es erlaubt.

Ihr müsst euch erinnern! Erinnert euch daran, dass ihr, die Lichthelfer, nicht »nur« auf diesen Planeten gekommen seid, um ein menschliches irdisches Leben zu durchleben. Eure Hauptaufgabe war es, Licht um euch herum zu verbreiten, dieses Licht anderen menschlichen Wesen zu zeigen, und vor allem – mit diesem Licht zur Oberhand über die dunklen Mächte beizutragen! Das ist eine der *Hauptaufgaben* der Lichtboten: mit ihrem Licht mehr und mehr Licht auf dem Planeten zu verbreiten und dadurch unwillkürlich die Oberhand über die dunklen Mächte zu erlangen.

Nicht umsonst habt ihr so oft gehört, dass eine bestimmte Anzahl an durchleuchteten Personen auf diesem Planeten erreicht werden muss, damit euer Planet gerettet werden kann. Der Wendepunkt war tatsächlich das Jahr 2012. Es ist lange auf diese Zeit gewartet worden, denn erst mussten sich die entsprechenden Bedingungen für die optimale Entwicklung von Lichtschwingungen und für die optimale Entwicklung der menschlichen Wesen, die Licht in ihrem Herzen tragen, entwickeln.

In der Lichtdimension hat sich eine unglaubliche Anzahl an Lichtverträgen mit menschlichen Seelen gebildet, die bereit und fähig waren, gerade in dieser Zeit auf den Planeten herabzusteigen. Sie alle verschrieben sich der Aufgabe, mit der Kraft ihres Lichts auf welche Art auch immer gegen die dunklen Mächte »anzugehen« und anderen unerfahrenen menschlichen Wesen den Weg der Liebe und des Lichts zu zeigen.

Liebe und Licht sind die mächtigsten Werkzeuge und wunderschöne Mittel zur großartigen Ausdehnung des Universums. Liebe und Licht sind mächtiger als jegliche anderen Kräfte, und wenn ein bestimmter Prozentsatz dieser wundervollen Kräfte erreicht ist, haben wir gewonnen.

Euer Planet hat diesen Prozentsatz erreicht, und damit wird er gerettet und das Licht wird die Oberhand über die Dunkelheit erlangen.

∞

Was auch immer die Funktion oder Aufgabe eurer Wesenheit auf diesem Planeten ist, ihr seid bei dieser Aufgabe nicht allein – im Gegenteil: Durch eure Inkarnation und die Übertragung von Licht auf euren Körper und eure Seele aus der Lichtwelt stellt ihr eine Lichtquelle dar, die sich verbreiten muss. Ihr dürft euch nicht niedertrampeln lassen.

Durch nichts und niemanden.

DESHALB SEID IHR HIER!

Eure Intuition und euer Herz zeigen euch genau, dass ihr auf einem guten Weg seid, auch wenn eure Umwelt euch manchmal oder sogar sehr oft beeinflussen will.

Doch keine Sorge: Mit eurem Licht und eurer Liebe seid ihr unbesiegbar. Daran müsst ihr euch immer wieder erinnern.

Falls ihr hin und wieder Probleme habt, euer Leben, eure Bestimmung oder bestimmte Lebenssituationen zu verstehen, steigt einfach geistig aus eurem Körper aus. Verbindet euch mit eurem Höheren Ich, das in der Welt der ewigen Liebe und des Lichts siedelt, und beginnt euer Leben sozusagen von oben herab zu beobachten. Steigt nicht nur aus eurem Körper aus, sondern steigt auch über euren wunderschönen Planeten Erde auf – und fangt an, euch selbst zu beobachten, euren Körper, der sich durch das irdische Leben bewegt und beobachtet, wie ihr hier eigentlich lebt.

Ist dieses Leben und Bemühen, das ihr gerade von oben beobachtet, eure Lebensaufgabe oder seid ihr momentan von diesem Weg abgekommen und müsst euch erst wieder daran erinnern ... WARUM IHR HIER SEID?

Ihr müsst euch in Erinnerung rufen, dass Liebe im Herzen und die Lichtfrequenz, die ihr um euch herum verbreitet, auf welche Art auch immer, eure Essenz und eure Aufgabe sind.

Macht euch bewusst, dass ihr jetzt und gerade jetzt in dieser Dimension seid und zu einem Teil der Lichtschwingung gehört, welche die Dunkelheit schlagen und ihre Lichtflügel für neue positive und harmonische Zukünfte ausbreiten kann.

Menschen und Situationen, die euch von diesem Weg des Lichts abbringen wollen, gibt es viele. Sie sind durch dunkle Mächte geschickt – das müsst ihr euch immer wieder vor Augen führen!

Schützen könnt ihr euch mit eurem Glauben, mit eurem Licht und mit eurer ständigen Erinnerung an eure lichtvolle Abmachung mit der universellen göttlichen Intelligenz.

Lasst euch nicht zerstören und niedertrampeln! *Deshalb seid ihr nicht hier.* Durch eure ständige Reinigung mit der Lichtfrequenz und durch die Verbindung mit unserer plejadischen Zivilisation und damit auch mit der göttlichen Liebe bekommt ihr wieder Kraft und das Geschenk der Erinnerung.

WIR WOLLEN EUCH HELFEN.

DESHALB SIND WIR HIER!

Ihr seid die Einzelwesen, die auf den Planeten Erde hinabgestiegen sind. Ihr seid die, die in vielen Fällen schon auf anderen Planeten weilten und die Schönheit der Harmonie und des Positiven anderer Gesellschaften miterlebt haben. Ihr habt euch entschieden, eben auf diesen Glauben und diese Schönheit des Lichts und der Liebe aufmerksam zu machen und sie der menschlichen Zivilisation zu bringen, selbst wenn sich einige von euch nicht mehr inkarnieren wollten oder es nicht mehr mussten. Dennoch habt ihr euch entschieden, auf die Erde hinabzusteigen, damit ihr zu einem gewissen Prozentsatz der Lichtschwingung beitragt und damit auch zur Rettung dieses Planeten und seiner Gesellschaft.

∞

Wenn du einmal das Gefühl hast, dass dir die ganze Welt den Rücken zugewandt hat oder um dich herum zusammenbricht, erinnere dich an die vorangegangenen Worte, nimm dir etwas Zeit und verbinde dich mit uns.

Übung

Reinigung deines Lichtkörpers durch die Plejader

Setze dich hin und lass deine Wirbelsäule sich vom Licht des Universums durchdringen. Das Licht tritt am oberen Ende deiner Wirbelsäule ein und am unteren Ende wieder aus und strömt in die Erde hinein. Verbinde dich gedanklich mit uns und lass diese wundervolle Verbindung zwischen dir, uns und der göttlichen Intelligenz noch einmal geschehen.

Verbinde dich mit deinem Höheren Ich, das im Raum der Ewigkeit und der ewigen Liebe siedelt. Verbinde dich gedanklich mit ihm: Dein Höheres Ich empfängt augenblicklich deine Gedankenimpulse und steht sofort mit dir in Verbindung.

Verlangsame die Frequenz deines Körpers und Herzens und konzentriere dich nur und wirklich nur auf die Verbindung zwischen dir, dem Höheren Ich, uns und der lichtvollen Intelligenz.

Auf nicht mehr und auf nicht weniger.

Lass dir Zeit und lass uns wirken.

Auf deine Absicht und dein Bemühen, dich wieder mit deiner Kraft und deiner Aufgabe auf dem Planeten Erde zu verbinden, haben wir bereits gewartet, und wir beginnen genau *jetzt*, diese klare Verbindung zwischen dir und dem Universum zu aktivieren.

Gleichzeitig entfernen wir negative Belastungen, welcher Art auch immer, aus deinem System. Alle negativen Belastungen, die dich daran hindern, auf deinem Weg deiner lichtvollen Aufgabe zu bleiben.

Wir entfernen außerdem negative Informationen, die durch dunkle Mächte auf dich übertragen worden sind, und aktivieren wieder die Kraft des Herzzentrums zur Erhöhung der positiven Kraft und Ausdauer. Wir reinigen die Gehirnsynapsen, die auf welche Art auch immer durch dunkle Mächte verunreinigt waren. Wir durchleuchten und verbinden sie wieder mit der ursprünglichen lichtvollen Information deines lichtvollen Plans und der Lichtwelt.

Wir reinigen deinen Körper und alle negativen Informationen, die sich in deinem Zellgedächtnis festgesetzt haben.

Wir durchleuchten deine Zellen und verbinden sie mit der lichtvollen positiven Frequenz.

Nimm nur wahr, wie sich die Frequenz deines Geistes und die Frequenz deines Körpers verändern. Beurteile nicht und lass uns wirken.

Wir unterstützen dich, weil du ein Lichtbote und ein Vorreiter neuer gedanklicher positiver Formen bist.

Verbleibe in diesem Zustand noch ein paar Minuten.

Die gesamte Dauer dieser Reinigung beträgt etwa 20 Minuten.

Nach Abschluss der Reinigung sprich laut »33851651« und stell dir vor deiner Brust eine silberne liegende Acht vor, das Zeichen der Unendlichkeit, zur Bekräftigung dieser Information.

Führe diese Reinigung, durch deine Absicht hervorgerufen und durch uns durchgeführt, immer dann durch, wenn du das Gefühl hast, dass du – warum auch immer – vom Weg deiner irdischen lichtvollen Aufgabe abkommst.

Du wirst sehen, dass es dir seelisch und körperlich besser gehen wird. Dein Leben wird anfangen, sich wieder zu entfalten, so wie deine Seele und dein Höheres Ich es sich wünschen. Du wirst keine Zweifel mehr haben, und dir wird wieder vollkommen klar sein, mit welcher Aufgabe du auf die Erde gekommen bist. Dir wird vollkommen klar sein, welche Kräfte dich negativ beeinflussen, und du bekommst wieder Motivation, auf deinem Weg zu bleiben und nicht aufzugeben.

Wir danken dir dafür!

DESHALB BIST DU HIER!

Nach dem Aufsteigen aus dem menschlichen Körper

Spätestens nach dem Abgang aus eurer körperlichen Hülle wird euch bewusst, was das Leben auf dem Planeten Erde für euch alles bedeutet hat und was ihr hier gelernt habt.

Im menschlichen Körper und mit dem menschlichen Gehirn war es manchmal vielleicht sehr schwierig, alle Zusammenhänge und alle Lebenssituationen und Schicksale zu verstehen.

Der menschliche Körper und das Gehirn haben euch aber gleichzeitig Menschlichkeit verliehen, sie haben euch die Schönheit des Körpers und die Mimik des Gesichts geschenkt. Sie haben euch menschliche Augen gegeben, die der Eingang zum Universum sind und zugleich ein Geschenk – ein wundervolles Geschenk um, um diese Welt um euch herum beobachten und wahrnehmen zu können.

Nicht alles, was ihr auf dieser Welt gesehen habt, hat euch gefallen, aber gleichzeitig habt ihr auch eine Menge Dinge, Situationen und Schönheit um euch herum wahrgenommen, die es wert waren, das alles zu erleben.

Nach dem Abgang aus dem menschlichen Körper wird euch augenblicklich klar, warum ihr hier gewesen seid, was ihr gelernt habt, wem ihr Freude bereitet und was ihr für euer persönliches Wachstum gemacht habt. Euch wird klar, was ihr für andere gemacht habt und wem ihr auf seinem Weg geholfen habt.

Euch wird »euer persönlicher Film« vorgespielt – ein Film eures Lebens, mit dem ihr euch bewusst werden könnt, welche Situationen für euch Schlüsselsituationen und entscheidend für eure Entwicklung waren. Ihr werdet die Freude der Menschen fühlen, denen ihr Freude bereitet habt, und gleichzeitig die Trauer der Menschen, denen ihr mit eurem Handeln Kummer bereitet habt.

Das ist die Entwicklung eines jeden von uns, und aus Fehlern lernen wir alle.

Mit eurem »Film« bekommt ihr die Möglichkeit, euch alles ins Bewusstsein zu rufen und auf verschiedene Art wiedergutzumachen.

Die Mehrheit von euch entscheidet sich nach einer gewissen Zeit in der Dimension der Ewigkeit, dass sie wieder auf den Planeten Erde geht und dort versuchen wird, ihre Fehler oder schlechten Gewohnheiten wettzumachen. Ihr sucht euch eine Familie aus, die für euch geeignet ist, oder inkarniert in einer Zeit, die eurer Entwicklung am meisten dient.

Das bedeutet, dass ihr *auch* in eine Zeit inkarnieren könnt, in der eure Seele noch euer normales irdisches Leben durchlebt. Ihr führt dann ein *Parallelleben* zu eurem irdischen Leben. Das geht, weil eure Seele in der Lage ist, multidimensional zu existieren, also auf mehreren Ebenen gleichzeitig.

Diese Möglichkeit wählt die große Mehrheit der menschlichen Seelen. So hat sie nämlich die Möglichkeit, sich in einem ziemlich kurzen Zeitabschnitt zu *heilen*, indem die Seelenteile sich gegenseitig positiv beeinflussen und ihre Entwicklung fördern.

Euer Gehirn nimmt zwar nicht wahr, dass eure Seele an mehreren Orten der Erde gleichzeitig weilt oder sich in mehreren Dimensionen gleichzeitig befindet, aber eure Seele, eure Essenz, weiß genau, worum es geht und bemüht sich, sich so schnell wie möglich zu reinigen und zu heilen.

Das Durchleben mehrerer Leben in verschiedenen Dimensionen oder Zeiten ist die häufigste Art der Inkarnation.

Euer Höheres Ich siedelt immerzu in der Dimension der Ewigkeit und versucht, alle Teile eurer Seele so häufig wie möglich intuitiv zu führen und sich an euch und die anderen Teile der Seele anzubinden, damit es zur Erleuchtung und Heilung der Seele auf allen Ebenen kommt.

Viele von euch haben Partner oder Personen getroffen, bei denen ihr sofort Nähe und Verbundenheit gefühlt habt. Das Gefühl war da, ist da und kann nicht ausgelöscht werden. Diese Nähe und das Vertrauen zum anderen Menschen, genau so, wie ihr es zu euch selbst habt, *könnte* bedeuten, dass ihr in diesem Menschen euren Seelenpartner, einen Bruder oder eine Schwester auf Seelenebene, erkannt habt. Genaugenommen trägt dieser Mensch einen Teil eurer multidimensionalen Seele in sich und ist zur gleichen Zeit wie ihr auf den Planeten Erde hinabgestiegen.

Das ist ein großes Glück, da ihr direkt und physisch mit dieser Person durch das irdische Leben gehen und gemeinsam Themen verarbeiten könnt, die ihr verarbeiten sollt. Manchmal bedeutet das, eine gewisse Zeit mit dieser Person im irdischen Leben zu durchleben, manchmal wiederum, mit diesem Menschen durch ganz bestimmte Situationen zu gehen, und manchmal genügt es auch, wenn ihr diesem Menschen eure Liebe schickt und euch so gegenseitig stärkt. Im Grunde schickt ihr euch *selbst* Liebe und stärkt damit *eure* Seele.

Je mehr Liebe ihr bei eurem Handeln im Herzen habt, umso mehr helft ihr vor allem euch selbst, *da Liebe immer zu euch zurückkehrt.*

Die multidimensionale Fähigkeit ist ein Geschenk Gottes. Sie bringt eine große Menge schneller Wiedergutmachung und schneller Entwicklung für eure Seele und eure Persönlichkeit. Dieses Geschenk ist euch durch die göttliche Intelligenz gegeben worden. Alle menschlichen Wesen, denen ihre persönliche Entwicklung wichtig ist, sollten es nutzen.

∞

Genau wie die zentrale göttliche Intelligenz unterstützt auch der kosmische Rat den Plan der Multidimensionalität und bemüht sich, allen Seelenteilen ständig Impulse und Informationen zu geben, damit die Seelen die Möglichkeit einer schnellen Reinigung erhalten.

Wenn ihr in der heutigen Zeit Ruhe in euch und Frieden in der Seele und im Herzen findet, könnt ihr sicher sein, dass ihr bereits sehr viel an eurer Entwicklung gearbeitet habt, denn wenn das geschieht, bedeutet es, dass es auch den anderen Teilen eurer Seele gut geht.

Wenn ihr ein Leben voller Veränderungen, negativer Situationen und Unannehmlichkeiten erlebt, glaubt fest daran, dass eure Seele und ihre Elemente sich gerade reinigen und eure allerwichtigsten Lebensthemen bearbeiten.

Ihr wisst es alle: Diese Zeit ist eine Zeit der Veränderungen. Diese Veränderungen führen euch letzten Endes zur Verganzheitlichung und zur Reinigung der Seele. Der kosmische Rat und die göttliche Intelligenz unterstützen euch darin, weil es für euch und eure Gesellschaft unerlässlich ist.

Unerlässlich und ganz natürlich.

Auf diesem Weg verarbeitet ihr schneller eure unverarbeiteten Themen und Muster, die euch schon seit Tausenden von Inkarnationen belasten.

Die göttliche Intelligenz unterstützt euch darin.

Viele von euch werden oft von der Zeit überrannt, und ihr habt manchmal das Gefühl, dass die Situationen auf eine Art und Weise eintreten, die euch gar nicht mehr die Möglichkeit lässt, sie noch zu beeinflussen. Ihr habt dann das Gefühl, dass ihr in diese Situation »geworfen« seid und euch nichts weiter übrig bleibt als durch die Situation zu gehen und sie zu verarbeiten.

Glaubt uns, auch uns ist es so ergangen, wir haben eine ähnliche Entwicklung durchlaufen. Aber nach einer Zeit der Dunkelheit ist das Licht angebrochen, und das hat uns in die Lichtdimensionen und in eine Zeit der verarbeiteten Themen katapultiert.

Auch unsere Entwicklung war oft schmerzhaft, doch jetzt befinden wir uns in der Dimension der Liebe und der lichtvollen Intelligenz. Diese Dimension bringt Schönheit im Herzen und im Geist mit sich.

Auch ihr, menschliche Seelen, habt die Möglichkeit, euch uns anzuschließen, alles abzugeben, was euch belastet, und mit uns den Weg des Lichts und der Liebe zu beschreiten.

Jeder von euch hat diese Möglichkeit.

Jeder Einzelne von euch!

Streckt einfach die Hände aus, ergreift diese Möglichkeit und werft eure Belastungen und alten Gewohnheiten ab.

Eure Entwicklung der Seele ist das Wichtigste, was ihr in dieser Zeit für euch tun könnt! Keine materiellen Besitztümer oder andere belastende Angelegenheiten, die typisch für eure Gesellschaft sind, können euch helfen, nur eure Entwicklung. Die Entwicklung eurer Seele!

Durch eure Entwicklung erhaltet ihr alles, was ihr braucht. Eure Entwicklung der Seele bringt euch geradewegs in die Dimension des absoluten Wohlstands auf allen Ebenen.

Das krampfhafte Streben nach materiellen Werten beschert euch nur teilweise Glück, aber Frieden und Liebe im Herzen und in der Seele bringen euch vollkommenen Wohlstand.

Mit eurer reinen Seele werdet ihr fähig sein, alles zu affirmieren und zu materialisieren!

Macht euch auf den Weg der Entwicklung und vertraut der geistigen Welt, dass diese Entwicklung, wenn auch manchmal kompliziert, ganz natürlich ist und eurer Seele zur ganzheitlichen Heilung verhilft.

Eure Seele wird euch dafür dankbar sein, und ihr werdet Frieden fühlen. Frieden in eurem menschlichen Körper und mit den menschlichen Gefühlen. Frieden, Liebe und Dankbarkeit.

Dankbarkeit gegenüber der geistigen Welt dafür, dass sie euch immer unterstützt und gleichzeitig auf den Weg eurer Entwicklung geführt hat.

Dankbarkeit euch selbst gegenüber, dass ihr euch auf diesen Weg der Inkarnation auf dem Planeten Erde gemacht und damit eure persönliche Aufgabe erfüllt habt.

Eure Audgabe sind die persönliche Entwicklung und das Wachstum – ein Wachstum mit Liebe im Herzen.

Wir danken hiermit dir irdischem Wesen dafür, dass du dich auf diesen Weg begeben hast, dass du dich durch uns und die geistige Welt hast begleiten lassen.

Wir danken dir dafür, dass du durch deine Entwicklung zur Erleuchtung und Entwicklung weiterer menschlicher Wesen beiträgst, die deine Hilfe brauchen oder gebraucht haben.

Du bist die Wesenheit, die ihr irdisches Leben geplant und alles gründlich durchdacht hat, damit sie optimal Licht und Liebe im Herzen verbreitet.

Dafür hast du unseren großen unsagbaren Dank!

Fahre auf deinem Weg fort und handle mit der Kraft deiner Seele und deines Herzens. Dein Höheres Ich begleitet dich immerzu!

Frieden mit dir, Frieden mit uns.

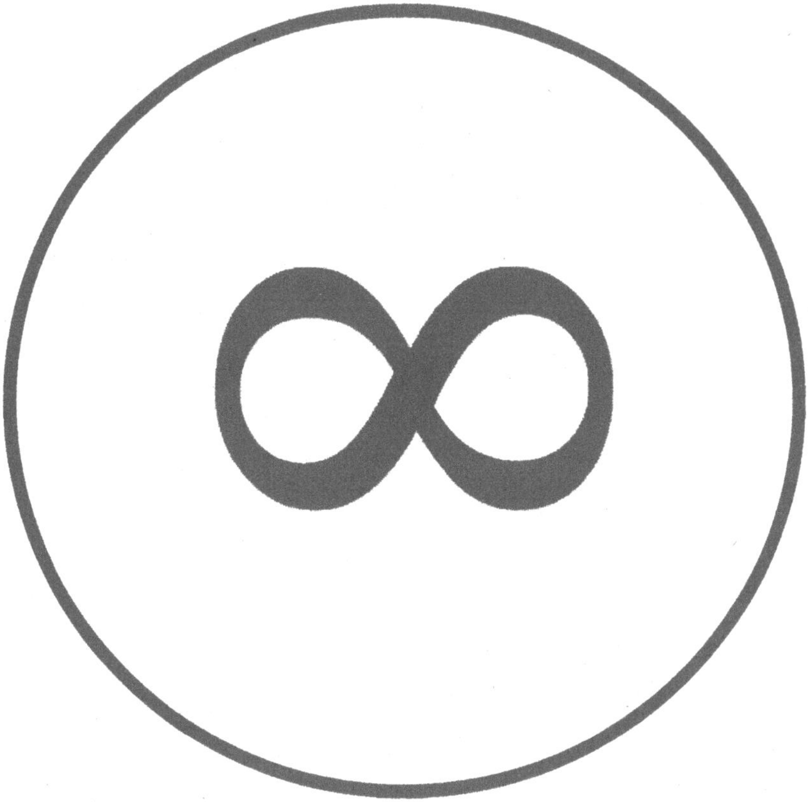

Eure Seele will neue Welten erfahren

Es gibt noch eine weitere Angelegenheit, die uns belastet: euer Unverständnis für die Verbundenheit der Bevölkerung. Jeder – oder doch wenigstens die Mehrheit der Bewohner eures Planeten – ist nur auf sich ausgerichtet. Ihr lasst nur Gedanken zu, die euch selbst dienen, lasst es meistens nur euch selbst gut gehen. Ihr versucht, die andere Person zu besitzen, übertragt eure negativen Gefühle auf sie und denkt nicht darüber nach, ob sie überhaupt bereit ist, mit jemand anderem ihren Lebensweg oder einen bestimmten Zeitabschnitt zu beschreiten – ob sie dies denn will.

Viele Bewohner des Planeten Erde geben sich ganz einem solchen Besitzstreben hin, machen dem Partner, auch oder gerade wenn sie fühlen, dass die Frequenz zwischen ihnen nicht mehr im Einklang ist, Szenen, in dem Bemühen, sich der anderen Person zu bemächtigen.

Das hat nichts mit bedingungsloser Liebe zu tun. Wenn ihr die andere Person bedingungslos liebt, lasst ihr sie selbstständig »atmen« und leben. Wenn ihr euch nach den Regeln der kosmischen bedingungslosen Liebe verhaltet, wird euer Partner eure Liebe erwidern, weil er sich dann frei an Seele und Körper fühlt.

Dieses besitzstrebende Verhalten, dieser Egoismus, kommt in unserer Gemeinschaft nicht mehr vor. Jeder Einzelne liebt sich selbst am meisten und lässt der nahen Person den für sie erforderlichen Freiraum und die seelische Freiheit.

Das, was ihr als Partnerschaft bezeichnet, betrachten wir als Sklaverei und nennen es auch so. Es handelt sich um die Unterwerfung der schwächeren Person im Paarleben. Ihr habt das von der Kirche gelernt. Sie hat euch ihre Gesetze der ewigen Liebe »bis dass der Tod euch scheidet« geliefert und verlangt das Zusammenleben mit einer bestimmten Person bis zum Ende eures Lebens, alles andere sei sündhaft.

Aber ihr dürft nicht vergessen, dass sich eure Seele gerade in der Zeit der fünften Dimension neu formt und entwickelt. Ihr nehmt eine andere Frequenz an. In unseren Augen sind die veralteten Regeln der Kirche deshalb mehr als unzulässig.

Die Kirche verursacht bei euch ein schlechtes Gewissen, sie lässt sehr viele unglücklich als Paar leben, die nur aus einem einzigen Grund in der partnerschaftlichen Beziehung bleiben wollen: weil sie es nicht wagen, die kirchlichen und gesellschaftlichen Regeln zu brechen, damit man nicht schlecht über sie spricht.

Doch ihre Seele fühlt das und nimmt wahr, dass die Frequenz bereits verloschen ist, obwohl sie weiter in der Beziehung verharrt. Das macht die Seele immer trauriger, so dass sie energetisch immer niedriger schwingt.

∞

Ständig weisen wir darauf hin, dass ihr euch alle entwickelt. Ihr alle. Besonders die Einzelwesen, die die Liebe der göttlichen Intelligenz in sich tragen. Ihr entwickelt euch, und eure

Seele will neue Welten kennen lernen, neue Formationen und vor allem – ihr Inneres und sich von der göttlichen Liebe durchdringen lassen.

Eure Gesellschaft hat nicht sehr viel Verständnis für Individuen, die sich entwickeln und den Weg ihres Herzens und ihrer Seele gehen. Eure Gesellschaft hält sie für Träumer oder auch fälschlich für verantwortungslos. Eure Gesellschaft ist der Meinung, dass niemand die »vor Gott« in eurem kirchlichen Stil geschlossenen Ehegelübde brechen darf, und wenn es doch geschieht, wird negativ auf sie geblickt.

Das, was gerade viele von euch erleben, gehört zu eurer natürlichen Entwicklung, es ist Teil der menschlichen Evolution. In Zukunft werden nicht mehr so viele eheliche Beziehungen eingehen, da die Anzahl an Individuen zunehmen wird, die ihre Seele entwickeln und zuerst nach ihrem Inneren suchen wollen. Eine partnerschaftliche Beziehung werden sie aus der Sichtweise der kosmischen Gesetze betrachten und sich deshalb eine ähnlich denkende Person suchen – eine Person, die den anderen ehrt und nicht besitzen will, die nicht ihre besitzergreifenden Ansichten, Gedanken und Emotionen auf ihn überträgt und die andere Person frei leben und sich entwickeln lässt. Das ist das Ziel einer partnerschaftlichen Beziehung.

In Zukunft wird es sehr oft geschehen, dass Menschen zueinander finden, die ungefähr gleichzeitig auf diesen Planeten herabgekommen sind, damit sie diese neue evolutionäre Phase ihrer Seele gemeinsam erleben können. Es wird aber auch sehr oft geschehen, dass Menschen, die nicht mehr miteinander schwingen, auseinander gehen und zuerst ihr Inneres suchen und anschließend einen Partner.

Es wird vorkommen, dass viele menschliche Einzelwesen zunächst unglückliche Zeiten durchleben werden, aber auch das ist eine natürliche Entwicklung der menschlichen Evolution auf der Bewusstseinsebene.

Wir möchten hervorheben, dass wir euch in dieser Zeit, sofern ihr es erlaubt und wollt, unterstützen und durch sie hindurch begleiten werden.

Wir können und wollen nicht mehr Millionen von Menschen sehen, die veraltete Gesetze und Ansichten in der Partnerschaft vertreten und den Partner besitzen und ihm das Leben schwer machen.

Versteht bitte, dass die letzten Jahrtausende eurer Entwicklung durch dunkle Mächte gelenkt worden sind, und nun tritt das kosmische Wissen ans Tageslicht. Das Licht in euren Herzen wird immer strahlender! Das hat zur Folge, dass ihr euch selbst und euer Leben mehr wertschätzt und selbst verantwortlicher werdet. Die Frequenz des kosmischen Wissens, das eure Gesellschaft neu formen wird, kommt immer stärker auf euren Planeten, und das ist gut so, denn sonst werdet ihr nicht in der Lage sein, in die neuen Bewusstseinsdimensionen aufzusteigen.

Das wird eine regelrechte »kosmische Bewusstseinsrevolution« im positiven Sinne sein. Veraltete Gedankenmuster werden zusammenbrechen, als würde der härteste Stein zu Staub zerfallen. Das wird für euch nicht gerade leicht sein, aber glaubt uns: Ihr *müsst* diesen Prozess durchlaufen, damit in eurer menschlichen Zukunft endlich das Eis des alten Denkens und der Gedankenformen bricht.

Viele von euch, die auf der Suche sind, sind auf der Suche nach sich selbst. Viele von euch begreifen diese Gesetzmäßigkeiten und die natürliche Entwicklung der Evolution.

Auf diese Evolution hat der kosmische Lichtrat gewartet. Er hat von der göttlichen Intelligenz genaue Anweisungen und Informationen erhalten, wann er beginnen soll, auf die Bewohner des Planeten einzuwirken, und wie er einwirken soll.

Diese Bewusstseinsevolution passiert gerade jetzt.

Ja, wir haben sehr lange auf sie gewartet, wir Wesen des höheren Bewusstseins und Mitglieder des Lichtrats. Es war leider nicht möglich, früher in eure Entwicklung einzugreifen. Nun aber, wo ihr einen gewissen Grad und eine gewisse Anzahl durchleuchteter Menschen erreicht habt, können wir auf dem Planeten Erde »ins Spiel« kommen und anfangen, mit den positiven Gesetzen des Universums zu wirken.

Diese Zeit, die ersehnte Zeit und die neuen Dimensionen, öffnen sich gerade. Ihr seid in diese Zeit eingetreten, ihr habt *jetzt* die Inkarnation auf dem Planeten Erde begonnen, und das macht Sinn. Gerade ihr seid es, die helfen können, auf der Erde neue positive Regeln aufzustellen und mit eurem gereinigten Bewusstsein zum Anbeginn einer neuen Ära der menschlichen Gesellschaft beizutragen!

Gleichzeitig mit euch ist eine große Anzahl durchleuchteter spiritueller Seelen herabgekommen, eure Lehrer und Helfer auf eurem neuen Weg. Sie werden euch die wahre Kraft des Herzens und das Wissen der kosmischen Gesetze aufzeigen.

Dass ihr in dieser Zeit herabgekommen seid, ist für uns ein großes Glück. Ihr habt vor dem Kommen auf den Planeten Erde entschieden, bei dieser evolutionären Veränderung dabei zu sein, und ihr habt euch entschieden, mit eurer Kraft einen gewissen Teil zum ganzheitlichen System beizutragen.

Vielleicht ist euch noch nicht bewusst, warum ihr gerade jetzt auf den Planeten herabgekommen seid, aber glaubt uns: Schon dadurch, dass ihr hier seid, tragt ihr mit eurer durchleuchteten Seele sehr zu dieser Entwicklung bei.

Euer Licht verbindet sich mit weiteren Lichtern menschlicher Einzelwesen.

Ihr bildet eine große Kette, die sich am Ende zu einer einzigen Strahlkraft der allerschönsten Parameter verbindet.

Das werden sämtliche Bewohner eures Planeten fühlen. Sicher werden nicht alle mit ihrem Verstand begreifen, um was für ein großes »Projekt« es sich in dieser Zeit handelt, aber ihre Seele versteht alles Wesentliche und Bedeutsame. Alle, absolut alle, die sich gerade in dieser Zeit in körperlicher Form auf dem Planeten Erde befinden, sind Teil des bewusstseinsmäßigen Evolutionsprojekts.

Alle für das Eine. So wurde es durch Gott programmiert, und so wird dieses Projekt auch durchgeführt.

Diejenigen, die für den neuen positiven Fortschritt bereit sind, werden zusammenarbeiten und gemeinsam in eine lichtvolle Zukunft blicken.

Diejenigen, die die Kraft und Essenz dieses Projekts noch nicht verstehen, werden sich ebenfalls beteiligen, wenn auch nicht auf Gedankenebene. Durch die Kraft des Lichts werden dunkle, belastende Gedankenformen transformiert.

Viele dieser nicht begreifenden Individuen werden durch das regelmäßige Übertragen von Lichtimpulsen durch den kosmischen Rat eures Planeten »aufgeweckt« und an die kosmische Kraft angebunden.

Der Rest der nicht begreifenden Individuen, die ihre Chance erhalten, sich aber nicht an die Lichtenergie anbinden können, wird durch seine persönliche Entwicklung und sein Wachstum gehen. Denen wird ihr Weg überlassen, was in den meisten Fällen jedoch die Nichtheilung des menschlichen Körpers und der Seele bedeuten wird.

Nichtheilung und Nichtanbindung an die Lichtquelle, was eine niedrigfrequente Schwingung der Materie der körperlichen Hülle und eine niedrigfrequente Schwingung auf psychischer Ebene zur Folge hat. Die körperliche Hülle wird erkranken und verkümmern.

Jeder trägt aber die Kraft seiner Entscheidung und die Kraft der Folgen seiner Entscheigung in sich. JEDER.

Der Lichtrat hat von der göttlichen Intelligenz die Anweisung bekommen, eurem Planeten in regelmäßigen Intervallen lichtvolle Heilimpulse zu übertragen, die eure körperliche sowie psychische Hülle durchleuchten.

Er wird auch eure Mutter Erde durchleuchten und heilen. Vor allem sie braucht die Möglichkeit der Heilung und Reinigung. Ohne ihre Hilfe werdet ihr nie die Möglichkeit haben, euch komplett auf allen Ebenen eures Seins zu heilen.

Verbindet euch mit uns und nehmt bewusst die euch von uns gesandte Lichtenergie auf. Es reicht, wenn ihr sie mit Dankbarkeit und der Kraft eures Herzens zulasst. Nicht mehr und nicht weniger.

Wir sind euch dankbar, dass ihr uns erlaubt, in diesem Prozess der Evolution mit euch zu sein. Dass gerade wir euch zu den Lichtdimensionen begleiten und euch helfen dürfen.

Wir erwarten nichts dafür.

Der Sinn unseres Seins und unserer Botschaft ist es, Hilfe, Licht und bedingungslose Liebe zu geben.

Auch uns wurde in unserer Evolution durch andere Völker planetarer Zivilisationen geholfen, und deshalb wollen wir euch helfen und so Gutes mit Gutem vergelten.

DESHALB SIND WIR HIER!
WIR SIND MIT EUCH.
IHR SEID IN UNSEREN HERZEN!

Frieden, Harmonie und Licht in euren Herzen!
Die plejadische Gemeinschaft

Danksagung der kosmischen Energie

Könnt ihr euch vorstellen, wie wunderschön und vielfältig das Universum ist? Könnt ihr euch vorstellen, dass jede einzelne Galaxis, ja jedes einzelne Gestirn Mitglied einer einzigen großen Familie ist und gleichzeitig jede Galaxis eine enorme Menge an Gesellschaften und vielfältigen »Untergalaxien« und noch weiteren Gesellschaften enthält?

Wie wunderbar und vielfältig diese Gesellschaften sind, und was für eine großartige Einheit die Galaxien zusammen bilden. Es liegt im Interesse der göttlichen Intelligenz, die kosmischen Gesellschaften zu vereinen und zu harmonisieren und ihnen gleichzeitig ihre eigene Identität zu belassen. Es liegt im Interesse der göttlichen Intelligenz, ein Universum zu erschaffen, das durch sein schönes Frequenznetz so ganzheitlich ist, dass alle Puzzleteile ineinander passen und sich frequenzmäßig ähnlich werden. In Harmonie und Liebe.

Glaubt uns, auch wir haben noch nicht die Möglichkeit bekommen, das ganze Universum zu erkunden. Das ist nämlich gar nicht möglich. Es ist in seiner Unendlichkeit grenzenlos. Uns stehen die Regeln der kosmischen Gesetze und unsere

Anbindung zur Verfügung, aber glaubt uns: Das Universum ist unendlich. Unendlich in der Realität der Zeit.

Für das Begreifen des Ganzen sind die Zeitdimensionen wichtig. Sie sind genauso unendlich wie das Universum, ja die Unendlichkeit wird durch sie noch gesteigert und erhält unfassbare Ausmaße. Für diejenigen, die nur einen Teil ihrer Gehirnkapazität nutzen, sind diese Gedanken und Überlegungen unvorstellbar. Euer Gehirn gibt euch nicht die Möglichkeit, euch das auch nur vorzustellen, da es lediglich mit einem kleinen Prozentsatz an die kosmischen Gesetze und das Wissen angebunden ist. Dadurch ist eure Vorstellungskraft eingeschränkt. Was ihr nicht erlebt habt, könnt ihr euch nicht vorstellen.

Wir sind in der Lage, uns in den Zeitdimensionen und verschiedenen Räumen zu bewegen. Wir verstehen diese Gesetze vollkommen. Die Zeitebenen liegen nebeneinander, sind aber gleichzeitig ineinander geschachtelt, man muss sie nur unterscheiden können und anfangen, mit ihnen zu arbeiten. Diese Dimensionen sind messbar und für uns greifbar.

Was wollen wir damit sagen? Wir wollen euch helfen und eure Gehirnkapazität erhöhen. Das ist der ganze Sinn und Zweck unserer Botschaften. Das und die Reinigung und der Schutz. In der Zeit von Atlantis habt ihr fast die ganze Kapazität des Gehirns genutzt, und es war euch möglich, euch mit den kosmischen Gesetzen und der göttlichen Intelligenz zu verbinden, bis euch diese Verbindung durch die dunklen Mächte genommen wurde und die dunklen Mächte angefangen haben, sich auf den Planeten Erde zu inkarnieren.

Ihr wart in der Lage, die Gesamtsysteme der Galaxien zu begreifen. Ihr konntet die unendliche Schönheit des Universums wahrnehmen. Ihr konntet Farben und Spektren wahrnehmen, die euch in diesem menschlichen Körper nicht möglich sind wahrzunehmen. Alle miteinander wart ihr in der

Lage, euch in der Lichtsprache zu verständigen. Ihr habt die Essenz des Seins und das Wesen des Universums verstanden. Ihr habt verstanden, dass jeder Einzelne der kosmischen Familie im Herzen einzigartig und unersetzlich ist und unermesslich schön. Ihr habt verstanden, dass ein Lichtteil, anderen Lichtteilen hinzugefügt, mit der Zeit ein großes Ganzes bildet und jeder Teil dieses Ganzen unverzichtbar ist.

Das Denken im Großen und in der Komplexität wurde euch genommen! Es wurde euch lediglich ein verengtes Sichtfeld eurer Welt gelassen, und ihr habt aufgehört, das Ganze als solches zu begreifen. Mit eurer kleinen Gehirnkapazität könnt ihr nur kleine und unwesentliche Vorgänge auf dem Planeten Erde wahrnehmen, die Möglichkeit des Ausblicks in eure Umwelt ist euch nicht gegeben, in diese so schöne Gesellschaft eurer wunderschönen heimischen Galaxis. In eurem Gehirn wurde kodiert, dass die menschliche Rasse die einzige Zivilisation im ganzen weiten Universum ist, und euch wurde die Möglichkeit genommen, andere kosmische Zivilisationen wahrzunehmen oder sie zuzulassen.

Euch wurden im wahrsten Sinne des Wortes Scheuklappen angelegt!

Dabei ist eure Galaxis euer Zuhause und eure unmittelbare Umgebung und eine *einzige* große Familie. Der Überblick wurde euch jedoch genommen, damit ihr nicht zufällig anfangt, eure Auffassungen zu verbreiten und euer spirituelles Bewusstsein, das die dunklen Mächte bedrohen könnte, nicht über die Grenzen hinauswächst.

Euch wurde die Verbindung zum Kristallreich genommen und damit die Verbindung zwischen der menschlichen Gesellschaft, der Umwelt und der ganzheitlichen Anbindung an das Universum.

Milliarden menschlicher Individuen tragen diese Scheuklappen. Es ist schwierig für sie, sie abzunehmen, weil sie das

Wesentliche des Seins nicht verstehen und keine Hilfe erhalten und ihnen der richtige Weg nicht aufgezeigt wird.

DESHALB SEID IHR, LICHTHELFER, HIER.

Diesen Menschen die Scheuklappen abzunehmen und ihnen den Weg des Lichts und den Weg zum Begreifen des menschlichen Seins zu zeigen – das ist eure Aufgabe.

Nun ist die bereits erwähnte Bewusstseinsrevolution angebrochen. Die Zeit ist gekommen!

Die Ausweitung der Auffassungen hat begonnen. Ihr schaut aus dem Schneckenhaus hervor und versteckt euch nicht mehr darin. Wer auf dem Weg des Lichts bleiben will, muss sich bewusst sein, dass dieser Weg nicht immer leicht sein wird und Ergebnisse und Einsichten mit sich bringt, die eure momentale Gehirnkapazität überschreiten.

Durch euer ständiges Anbinden an die Lichtfrequenz wird sich eure Gehirnkapazität immer weiter erhöhen, und eure Gehirnsynapsen werden anfangen, sich mit den Synapsen des Universums zu verbinden, die wiederum mit euren Gehirnsynapsen identisch sind und so ins Ganze und in die Ganzheit der kosmischen Welt passen werden.

Versteht ihr diese Worte? Alles hängt mit allem zusammen, alles muss ins Ganze des Universums passen, damit selbst dieser Teil ganz und unverzichtbar ist.

∞

Eure Galaxis enthält unzählige Zivilisationen und Lebensformen. Sie enthält auch abweichende chemische Elemente, physische Formen und physikalische Größen. Was die menschliche Zivilisation unter Gewicht, Gravitation, Entfernung und Zeit versteht, kann sich von dem, was andere Zivilisationen und Planetensysteme darunter verstehen, gänzlich unterscheiden. Manche Planeten haben eine vielfach höhere Dichte ihrer Atmosphäre oder bei Flüssigkeiten, die eurem Wasser entsprechen. Es existiert eine unerschöpfliche Menge unterschiedlicher Lebensformen, die im Rahmen ihrer Systeme leben.

Was aber alle Lebensformen, ihr Menschen genauso wie wir, gemeinsam haben, ist dass sie an die lichtvolle kosmische Energie angebunden sind.

Darin gleichen wir uns alle – in dieser Anbindung, die sich stets ähnelt oder sogar identisch ist.

Die Lichtenergie ernährt uns alle, ohne Unterschied. Ob wir nun einen humanoiden, einen reptiloiden oder einen Insektenkörper haben oder eine ganz andere organische Gestalt. Kein Wesen kann ohne die Lichtfrequenz des Universums leben. *Keines!*

Wenn einer organischen Lebensform keine kosmische Kraft zugeführt wird, wie das bei euch Menschen zum Beispiel über die Energietore in den Körpern geschieht, siechen Chakren, Körper und Seele dahin und hören auf, euch richtig zu ernähren.

Die kosmische Energie ist überall. Sie ernährt jede eurer Zellen im Körper, jeden Teil eures Körpers und auch eure Seele. Sie ernährt jede Pflanze in eurer Natur, sie lädt mit ihrer Kraft eure Ozeane und Wasserläufe auf. Sie nährt euren ganzen Planeten und seine Seele Gaia. Sie nährt eure Galaxis und die anderen Planeten und ihre Bewohner.

Ganze Systeme des Universums sind an die immerwährende Kraft der kosmischen Energie angebunden, die ohne Unterbrechung wie ein Perpetuum mobile funktioniert. Es genügt, sich mit ihr zu verbinden und sie in Dankbarkeit anzunehmen.

Nicht allen menschlichen Wesen ist klar, dass diese kosmische Energie ihren Körper nährt. Ihnen ist nicht klar, dass es ohne sie nicht möglich wäre zu leben und zu funktionieren. Viele empfangen die Kraft des Universums ohne jegliche

Dankbarkeit, lassen sich automatisch und egoistisch nähren und behaupten ernsthaft, es gäbe gar keine »Energie«.

Sie begreifen nicht, dass ihr Herzorgan, das als Pumpe die Grundlage für die Sauerstoffversorgung ihres Körpers bildet, gerade über die Herzimpulse mit der kosmischen Energie verbunden ist und diese es ist, die das Herzorgan in ewige und unablässige Bewegung versetzt: die kosmische Energie. Sie ist sehr intelligent und nährt alle bedingungslos. Sie ist einfach da.

Damit ihr die kosmische Energie richtig und in einem steten Fluss empfangt, solltet ihr Dankbarkeit für ihre nicht endende Arbeit und Anwesenheit empfinden. Mit ihrer Hilfe funktionieren ganze Planetensysteme und Galaxien.

Die Kraft von Sonne und Mond stehen ebenfalls im Zusammenhang mit der kosmischen Energie. Es existiert eine unendliche Anzahl an Sonnensystemen, und auch ihre Strahlintensitäten sind unterschiedlich.

∞

Die Unendlichkeit, Schönheit und Intelligenz des Universums wollten wir euch mit diesen Worten nahebringen. Unendlichkeit, Schönheit und Intelligenz … die unendliche und bedingungslose Liebe der göttlichen Intelligenz.

Bitte empfindet mit uns Dankbarkeit gegenüber der kosmischen Energie, die uns alle unterschiedslos nährt, durchleuchtet und uns die Wesen sein lässt, die wir sind. Wesen, die Liebe im Herzen und in der Seele tragen. Wesen, die die kosmische Kraft in Dankbarkeit annehmen und sich bewusst machen, dass es dank dieser Kraft möglich ist zu leben, auf welchem Planeten und in welcher Form des Seins auch immer.

Wir sind Wesen, die Dankbarkeit empfinden und Liebe im Herzen und in der Seele fühlen. So ist es – und die Liebe der göttlichen Intelligenz gehört immer zu uns und verbindet uns miteinander. Sie verbindet uns mit Hilfe von Lichtsträngen und Linien, die in ihrer Kraft grenzenlos und in ihrer Frequenz wunderschön sind.

Ohne Licht gibt es kein Leben, ohne das Licht der kosmischen Energie existiert nichts.

Übung

Herzensgruß an den Urgrund allen Seins

Diese Worte kannst du übernehmen oder in die Ich-Form umschreiben, sie dir vorlesen oder an Stellen notieren, an denen du dich oft aufhältst. Bedanke dich von ganzem Herzen bei der kosmischen Energie und mache dir die Bedeutung dieser Worte voll bewusst:

»Wir, Wesen mit Liebe im Herzen und in der Seele, nehmen in Dankbarkeit die kosmische, lebensspendende Energie an.

Wir freuen uns über sie, und wir bedanken uns dafür.

Wir sind der kosmischen Energie dankbar für ihre Kraft, ihr Licht und ihre Liebe.

Wir füllen diese Worte mit der kosmischen Schwingung an und lassen sie durch unsere Körper und unsere Seele dringen.

Frieden im Herzen.«

So wie eine Mutter nährt und sich mit ihrer eigenen Kraft, Liebe und unendlichen Ausdauer um ihr Kind kümmert, genauso nährt die kosmische Energie uns alle. Alle Wesen.

Wir sind ihre Kinder und sie ist unsere Mutter. Sie verteilt ihre Kraft ohne jegliche Zweifel und Hemmungen. Sie ist für uns da, und ohne sie gibt es kein Leben.

Werdet euch dessen bewusst und seid dankbar dafür, dass ihr seid. Dafür, dass ihr existiert.

Frieden mit euch!

Nachwort

Liebe Leser und Lichtboten!

Haltet jetzt noch kurz inne, verbleibt in diesem Zustand, atmet entspannt und lasst die heilende und transformierende Energie dieses Buches auf euch wirken.

Die Plejader haben mir während des Schreibens dieser Botschaften mitgeteilt, dass jedes Buchexemplar energetisch aufgeladen ist und an die Frequenz seines Besitzers angepasst wird. Jeder Leser wird individuell an die kosmische Heilenergie angebunden und kann noch lange danach positive, heilende und transformierende Prozesse fühlen.

Es freut mich sehr, dass uns allen die Möglichkeit gegeben wurde, uns dank dieser Informationen in unserer momentanen Situation neu zu orientieren. Es war dringend erforderlich, dass wir Gelegenheit erhielten, unsere Gedanken und unser Handeln zu sortieren. Wirklich dringend erforderlich ...

Die Zeit, in der wir uns gerade befinden, ist eine der anspruchsvollsten und bedeutendsten Etappen nach dem Zeitalter des berühmten und sagenumwobenen Atlantis.

Viele von euch werden mir darin zustimmen, dass der Evolutionsprozess der menschlichen Seele oft mit riesigen Hindernissen verbunden ist. Wenn wir uns aber entscheiden, diese

Hindernisse ein für alle Mal zu überwinden, lösen sie sich mit der Zeit in Luft auf und wir können uns dem lange ersehnten Ziel nähern: der Erleuchtung unserer Seele und der Anbindung an die Lichtwelt und ihre Liebe.

Je mehr wunderschöne menschliche Wesen sich auf unserem Planeten bewegen, desto mehr werden auch andere Teile und Plätze unserer Erdkugel erleuchtet sein. Das Licht wird immer mehr Kraft haben, sich auf unserer Erdkugel auszubreiten, und unsere Seelen können sich am enormen Zufluss dieser neuen schwingenden Energie erfreuen.

Unser Alltagsleben wird leichter und klarer sein.

Es war mir eine große Freude, diese Botschaften aufzuschreiben. Gleichzeitig war es mir eine große Ehre, dass mich die plejadische lichtvolle Gemeinschaft als ihre Übersetzerin und Gesandte »ausgewählt« hat. Meine Verbindung mit ihr wird ständig aufrechterhalten und bringt immer wieder neue Erfahrungen und Informationen.

Wiederholt die Übungen aus diesem Buch, verbindet euch gedanklich mit den Lichtwesen, die mit uns kommunizieren, und lasst euer Leben dadurch freudiger und zufriedener fließen. Schon der bloße Gedanke an die Plejader bringt die Verbindung mit ihnen und ihre Hilfe.

Euer Energiefeld wird strahlender sein.

Ich habe diese Erfahrung gemacht und freue mich bereits auf weitere Kontakte mit der Lichtwelt.

Ich weiß, dass sich uns neue Möglichkeiten erschlossen haben und sich eine neue Etappe unserer menschlichen Entwicklung anbahnt. Sicher werden wir auf unserem Weg auf dem Planeten Erde zusammen noch viele großartige Abenteuer erleben. Haltet auf diesem Weg durch, es ist *euer* Weg – und haltet mit Dankbarkeit durch.

Ihr wisst ja: Jeder von uns trägt eine große Verantwortung in sich. Aber Wunder passieren nicht nur in Märchen.

Wir dürfen sie hier und mit unseren Liebsten erleben.

Dankbarkeit und Freude im Herzen!

Eure **Pavlina**

An alle meine Lieben!

Ich danke allen Situationen in meinem Leben, an denen ich gewachsen bin und durch die ich mich entwickelt habe.

Ich danke meinen Lichthelfern, die mich gerade in dieser Zeit auf den Planeten Erde gesandt haben und die mich meine irdische und innere Welt und meine Lebensaufgabe haben entdecken lassen.

Von ganzem Herzen bedanke ich mich bei meiner Familie, meinen Eltern, Freunden, bei allen nahen und Seelenverwandten, denen ich in diesem Leben begegnet bin und die mich motivieren und sich mit mir freuen.

Ich danke besonders meiner Tochter Nicole, die dieses ganze Buch in die deutsche Sprache übersetzt und mir damit unzählige Stunden ihrer Freizeit geschenkt hat. Ich bin ihr dafür unbeschreiblich dankbar.

Ich bedanke mich auch beim AMRA Verlag von Herzen dafür, dass die Leser durch diese Botschaften die Möglichkeit bekommen haben, spirituelle kosmische Gesetze zu entdecken und letztlich wahrhaft durchleben zu dürfen.

Weitere Veröffentlichungen von Pavlina Klemm

1. Kartensets

Lichtbotschaften von den Plejaden
44 Energiekarten für jeden Tag • 128 Seiten
Begleitbuch mit Übungen und Affirmationen
ISBN 978-3-95447-570-4

»Wir, deine plejadischen Begleiter, können dir helfen, dein ganz persönliches Feld der Heilung aufzubauen. Aktiviere die Karten mit unserer Hilfe. Ziehe für dich oder andere die aktuelle Botschaft. Mache die dazugehörige Übung, sprich die Affirmation und nutze die Karte, mit der du energetisch verbunden bist, auf vielfältige Weise. Stärke durch sie deine Anbindung und lass die Heilfrequenzen zu dir strömen.«

Heilsymbole & Zahlenreihen 1
44 Karten zur Plejadenheilung • 112 Seiten
Begleitbuch mit Übungen und Meditationen
ISBN 978-3-95447-376-2

»Wir, deine plejadischen Begleiter, sind sehr dankbar dafür, dass du dich mithilfe dieses Kartensets selbst heilst. Du hältst hiermit die materialisierte, manifestierte Energie von Symbolen, Zahlenreihen und Affirmationen in Händen. Durch dein Heilen hilfst du anderen Menschen, und es gelingt dir leichter und schneller, dich in der fünften Bewusstseinsdimension zu verankern. Vertraue bei dieser Arbeit auf deine Intuition.«

Heilsymbole & Zahlenreihen 2
44 Karten zur Plejadenheilung • 144 Seiten
Begleitbuch mit Übungen und Meditationen
ISBN 978-3-95447-579-7

»Wir, deine plejadischen Begleiter, sind überglücklich, dir und deinen Liebsten weitere Symbole, Zahlenreihen und Übungen übergeben zu dürfen, die unser Medium teilweise eigens für dieses neue Kartenset gechannelt hat. Gleichzeitig versammelt es alle hilfreichen Werkzeuge, die seit dem ersten Set für Bücher, CDs und Veranstaltungen entstanden sind. Es trägt energetisch den Beginn der Neuen Zeit, in den ihr liebevoll eintreten dürft.«

Kosmische Heilapotheke
44 Aktivierungskarten für jeden Tag • 144 Seiten
Begleitbuch mit Übungen und Meditationen
ISBN 978-3-95447-450-9

»Bis zum Untergang von Atlantis warst du an die Kosmische Heilapotheke angebunden. Jetzt hat sich der Zugang erneut geöffnet, und wir, deine plejadischen Begleiter, führen dir die gechannelten Werkzeuge zu deiner Heilung wieder zu. Jede einzelne Karte ist ein Lichtwesen, das mit dir kommuniziert. Jede einzelne Karte trägt spezifische Lösungen in sich, deren Frequenz dich erreicht und an deine Blaupause anbindet.«

2. Gechannelte Bücher

Die bisher 9 Bände der »Lichtbotschaften von den Plejaden« liegen auch als eBook, CD-Hörbuch und Audio-Download vor. Außerdem sind noch die folgenden Bücher erschienen:

Heilsymbole & Zahlenreihen 1
Arbeitsbuch der Plejadenheilung
208 Seiten • Vorwort von Jeanne Ruland
ISBN 978-3-95447-580-3

Enthält das vollständige Arbeitsmaterial aus den ersten sechs Büchern und physischen Veranstaltungen des Mediums, das mit Heilsymbolen und Zahlenreihen zusammenhängt – und es kann ohne jede Vorkenntnis eingesetzt werden!

Heilsymbole & Zahlenreihen 2
Arbeitsbuch der Plejadenheilung
224 Seiten • mit Anleitung zum Channeln
ISBN 978-3-95447-577-3

Enthält das Material aus den neuen Plejadenbüchern und CD-Booklets, das seit Band 1 entstanden ist. Es umfasst mehr als dreißig Symbole und Zahlenreihen mit den dazugehörigen Übungen, von denen viele hier erstmals erscheinen!

Kosmische Heilapotheke
Das Praxisbuch für jeden Tag
256 Seiten • durchgehend farbig
ISBN 978-3-95447-663-3

Ein wunderschön gestaltetes Praxisbuch der Plejader, das alle Heilsymbole für den Zugang zu feinstofflichen Präparaten in der Heilapotheke enthält, ergänzt durch zahlreiche Übungen, wertvolle Tipps und Channelings sowie Reflexionsfragen, die dem Benutzer lichtvolle Frequenzen zur Heilung bringen.

Pavlina Klemm wurde in der Tschechischen Republik im Riesengebirge geboren. Als 19-Jährige kam sie nach München, das lange Zeit ihre Heimat war. Heute lebt sie am Chiemsee. Schon als kleines Kind hatte sie Kontakt zur Lichtwelt, und als junge Erwachsene war ihr absolut klar, welche Richtung ihr Lebensweg nehmen würde. 1999, kurz vor der Zeitenwende, begann sie dann, intensiv mit alternativen Heilmethoden zu arbeiten. Durch die Arbeit mit der heilenden universellen Energie entwickelten sich bei ihr nicht nur heilerische Fähigkeiten, sondern es erhöhte sich auch ihre Anbindung an die Lichtwelt und das Engelreich. Dank dieser Anbindung sieht sie es heute als ihre größte Aufgabe an, Informationen über die universellen Gesetze und kosmischen Entwicklungen weiterzugeben. Das Ergebnis ihrer Channeling-Kontakte mit der plejadischen Zivilisation sind die Bücher, Hörbücher, eBooks und Übungs-CDs sowie das Kartenset *Lichtbotschaften von den Plejaden* und die Praxisbücher *Heilsymbole & Zahlenreihen* (Band 1 & 2) sowie *Kosmische Heilapotheke*, zu denen auch drei Workshop-CDs und noch drei weitere Kartensets vorliegen.

Bei ihren Seminaren, die Pavlina regelmäßig überall im deutschsprachigen Raum und in Tschechien abhält, werden die Teilnehmer in der spirituellen Entwicklung ihrer Persönlichkeit stets fürsorglich begleitet. Dabei setzt Pavlina nicht nur ihre Ausbildungen als Lebens-Energie-Beraterin® nach Körbler und Reconnective Healing® Practitioner nach Eric Pearl ein, sondern auch ihre Schulungen durch Andrew Blake in Quantenheilung sowie eine Vielzahl russischer Heiltechniken. Außerdem wird sie von der Geistigen Welt ständig in neuen plejadischen Heiltechniken unterrichtet, die sie an die Teilnehmer weitergibt.

Pavlina widmet sich auch weiterhin dem Schreiben über spirituelle kosmische Gesetze, ihre Komplexität und ihren direkten Einfluss auf unsere menschliche Gesellschaft, denn wie sie selbst sagt: »Das Lehren und Erkennen der universellen Gesetze ist so unendlich wie das Universum selbst. Es bringt Freude, Bewusstwerden, Frieden und Reinheit im Herzen.«

Kontakt:
www.PavlinaKlemm.de

Lebens-Energie-Beraterin® nach Körbler
Reconnective Healing® Practitioner
Alternative Heilmethoden